AF193572

HISTORIA DEL PARTIDO COMUNISTA RUSO (BOLCHEVIQUES)

UN ENSAYO POPULAR

Grigori
ZINÓVIEV

LIBROS CORRIENTES

De lo social 28,
serie ensayo

La traducción ha sido extraída de la edición española que fue realizada en 1932 por la editorial Ulises sin consigna al traductor alguna. Con todo, la traducción ha sido cotejada con la edición rusa de 1924 al percibir la falta de algunos fragmentos en la edición de Ulises. Los fragmentos han sido incluidos. También se ha actualizado la transcripción de algunos nombres y, cotejando con las ediciones rusa e inglesa, corregido algunos errores graves y evidentes de sentido.

Título original: *История Российской коммунистической партии (большевиков). Популярный очерк Источник* (1924)

COLECCIÓN: DE LO SOCIAL, 28, SERIE «ENSAYO»

1.ª EDICIÓN, MAYO DE 2025

ISBN: 978-84-129408-3-1
Depósito legal: M-10547-2025

Impreso en Estugraf

LIBROSCORRIENTES.ES
LIBROSCORRIENTES.INFO@GMAIL.COM

Grigori Yevseievich Zinóviev (1883-1936) fue, junto a Lev Kámenev (1883-1936), la persona más cercana a Lenin dentro del Partido Comunista Ruso. Publicado en 1924, el presente texto fue concebido en 1922, con motivo de 25.º aniversario de la creación del Partido Comunista Ruso (Bolcheviques).

Además de una historia de primera mano, el texto de Zinóviev traza una anatomía del comunismo, que tras la Revolución de 1917 y el reciente final de la guerra civil Rusa, se enfrentaba a un nuevo horizonte. Zinóviev aprovecha para tirar líneas ante cuestiones centrales como la idea comunista de partido (tan distinta de las concepciones habituales), la hegemonía del proletariado (su «dictadura»), la actitud de los marxistas ante el economicismo, el terrorismo, el movimiento estudiantil, el liberalismo, la Revolución francesa... También se encuentran a lo largo del libro agudos perfiles de figuras clave y apenas conocidas como el otzovismo, el ultimatismo, los kadetes, el Bum, los Círculos Chaikovski, la Unión Obrera, la Unión de Lucha por la Emancipación de la Clase Obrera u otras más conocidas como los naródniki, los mencheviques o periódicos como Iskra (La Chispa) o Pravda.

Una historia de primera mano de parte de una de las personas que mejor conoció el desarrollo del comunismo en el siglo XX y una herramienta para el militante a la vez que un documento preñado de valiosísimos datos para el estudioso.

Dedicado a la Unión de Juventudes Comunistas

NOTA DEL AUTOR

El Partido Comunista Ruso no es sólo un partido. La historia ha querido que el PCR se convirtiera en un poderoso instrumento del progreso humano y en el instrumento más importante de la revolución mundial. Su importancia es grande y no tiene parangón no sólo en la historia de Rusia, sino del mundo entero.

Y no es sin razón que el curso del desarrollo del PCR está siendo estudiado ahora por las mejores mentes del movimiento obrero internacional. Cada uno de nosotros, que tenemos que vivir y luchar en las filas del PCR, tenemos el deber de conocer su historia, de estudiar cada uno de sus pasos en el difícil camino hacia la victoria, los más pequeños episodios de su heroica lucha por la causa de la liberación del proletariado.

Las seis conferencias que siguen, pronunciadas por mí en vísperas del 25.º aniversario de nuestro Partido, dan sólo el esbozo más somero de su historia. Sólo los cinco años transcurridos desde 1917 requerirían varios libros. Mis conferencias son sólo esbozos iniciales que pueden servir únicamente como una breve introducción a la historia de nuestro Partido. Las publico por insistencia de mis camaradas y sólo porque la literatura sobre la historia del PCR es todavía muy pobre. Tal vez, en esta pobreza, mis esbozos sean de alguna utilidad.

A LAS JUVENTUDES COMUNISTAS DE MOSCÚ

Estudiemos el leninismo, se oye decir ahora en todas partes donde se reúnen algunos obreros conscientes, sobre todo en las juventudes comunistas, y particularmente en las de la capital de la URSS.

Mi *Historia del Partido Comunista Ruso* ayudará solamente a comenzar este estudio. No aspira a nada más. Cada página de la *Historia del Partido Comunista Ruso* va ligada a la vida de V. I. Lenin. La Unión de Juventudes Comunistas Rusas cambia ahora su nombre por el de «Unión Leninista de Juventudes». Estudiemos, pues, el leninismo, mediante un trabajo tenaz, de meses y de años, en los libros y en la lucha.

G. Zinóviev
Moscú, 31 marzo 1924

CAPÍTULO I

¿QUÉ ES UN PARTIDO?

¿Qué es un partido? La cuestión parece muy simple. Sin embargo, no lo es.

Cuando se trata de definir científicamente cosas que interesan vivamente a las masas (y es lo que ocurre con todas las organizaciones sociales), casi nunca se ponen de acuerdo sobre su naturaleza los representantes de las diversas clases y concepciones filosóficas. Tenemos el ejemplo más familiar, el de los sindicatos, que engloban a millones de hombres. Todo el mundo sabe en qué consisten esas organizaciones. Sin embargo, los representantes de las diferentes clases los definen diversamente. Mientras que Karl Marx caracteriza a los sindicatos por las palabras «escuela de socialismo», los sabios burgueses o los mencheviques de la Segunda Internacional los caracterizan de una manera muy distinta. Así, para Sydney y Beatrix Webb, escritores ingleses de la escuela reformista menchevique, los sindicatos no son otra cosa que asociaciones de socorro mutuo. Para un profesor burgués alemán, miembro del Centro Católico, son casi hospicios, servicios de sanidad para los obreros. Ello es comprensible, pues en tales cuestiones, que interesan directamente a centenares de millones de hombres, seria vano buscar alguna imparcialidad en la definición de las cosas, incluso de las más usuales.

Así, pues, nuestro deseo de precisar, en primer lugar, lo que es un partido, está lejos de ser injustificado.

Definiciones marxista y burguesas de la palabra «partido»

La palabra «partido» viene del latín *pars,* que significa parte, porción. Nosotros, marxistas, decimos que un partido es una *fracción de una clase determinada.*

Los representantes de la burguesía tienen, evidentemente, otra opinión. Por ejemplo, el célebre publicista conservador alemán Stahl, que clasifica los partidos según el grado de espíritu revolucionario o de respeto por el orden establecido, llegaba a la conclusión de que la lucha de los partidos es una lucha entre las leyes humanas y las leyes divinas, es decir, entre las instituciones creadas bajo la presión de las necesidades y de los deseos temporales del hombre y los decretos de la Providencia. En una palabra, es la lucha entre el Mal y el Bien. Y el célebre publicista político de Zurich, Rohmer, se esfuerza, por su parte, en fundar la definición de «partido» en la psicología. Declara, por ejemplo:

> Una sociedad humana nace, crece y muere. Es joven o vieja. Según su edad, reina en ella una u otra concepción política. En el niño dominan las facultades pasivas del espíritu, la impresionabilidad, la viva imaginación; no hay en él ni fuerzas creadoras, ni crítica racional. El radicalismo es el que mejor corresponde a este estadio, y de ahí los partidos radicales. En la adolescencia y la edad madura dominan las fuerzas creadoras del espíritu y la sana crítica. Así pasan al primer plano, en la adolescencia, el esfuerzo creador, y, en la edad madura, el esfuerzo del

hombre por conservar sus adquisiciones. A este estadio corresponden el liberalismo y el conservadurismo. En fin, en la vejez, las fuerzas pasivas del espíritu vuelven a dominar: miedo a todo lo que es nuevo, adhesión al pasado. A este estadio corresponde el absolutismo. En la sociedad coexisten elementos «jóvenes», «maduros», «viejos», y, por consiguiente, partidos radicales, liberales, conservadores, absolutistas. Los partidos predominantes son los que se aproximan más al temperamento y al espíritu de todo el pueblo. La existencia de todos esos partidos es inevitable. La vida pública debe regularse con arreglo a la resultante de sus fuerzas, y el político hábil no debe jamás tratar de destruir un partido, cualquiera que sea, porque no lo lograría; y tratar de hacerlo sería, no curar un mal, sino, más bien, introducirlo en el interior del organismo. Es, sobre todo, el temperamento de cada individuo lo que le lleva hacia uno u otro partido. Así, Alcibíades, durante toda su vida, fue un niño; Pericles siguió siendo joven hasta la tumba; Escipión fue un hombre, y Augusto había nacido viejo. Del mismo modo, los pueblos se distinguen por caracteres diversos: los alemanes son conservadores por temperamento, pero liberales por su formación espiritual. Los rusos son radicales, pero se inclinan hacia el absolutismo.

Todo esto, desde luego, fue escrito antes de 1917.

POR QUÉ LA CIENCIA BURGUESA NO DA UNA DEFINICIÓN EXACTA DE LA PALABRA «PARTIDO»

Así, pues, los sabios y escritores burgueses dan de la noción de «partido» definiciones muy diversas. Raramente se deciden a abordar la cuestión de frente y a decir que un partido es una organización de combate de una clase. Esta simple verdad, clara para todos, no quieren ni pueden reconocerla los sabios burgueses, por la misma razón que les impide explicar en sus verdaderos términos la naturaleza del parlamentarismo o la de la Iglesia.

Del mismo modo, en tanto que le detenta, la burguesía disimula cuidadosamente la naturaleza de clase del Estado. Los sabios y los políticos burgueses no reconocen jamás que el Estado burgués es la dictadura de una minoría de propietarios. Por el contrario, le representan como una institución por encima de las clases, como la encarnación de la justicia y de la razón supremas. Marx y Engels han sido los primeros en despojar la noción del «Estado» de su envoltura mística y en plantear claramente la cuestión. Después de ellos, Lenin ha desarrollado la teoría del Estado en su obra intitulada *El Estado y la revolución.*

El régimen burgués implica una serie de instituciones que sirven para oprimir al proletariado. La burguesía se ve obligada a presentarlas a la opinión pública como órganos destinados a realizar la armonía y la paz entre las clases; no puede decir a las masas que son órganos de lucha de clases.

Definición de Vodovozov

Para mayor claridad, citaré la definición del publicista ruso Vodovozov, personaje bastante inofensivo, mitad kadete, mitad *naródniki*,[1] que fue un periodista de algún talento. En un trabajo especial, consagrado a la definición del concepto de partido, escribe:

1 Kadete es como se denominaba a los militantes del Partido Democrático Constitucional, de corte liberal. La palabra *naródniki* viene de *narod* (pueblo).

¿Qué es un partido? Se entiende por esta palabra un grupo más o menos importante de hombres que desean las mismas reformas políticas, que tienen el mismo ideal político y organizados para defenderlo y hacerlo triunfar.

Esta definición parece irreprochable, pero, de hecho, el autor ha evitado cuidadosamente las palabras «clase» y «lucha de clases». Para él, un partido es únicamente un grupo de gentes que piensan de la misma manera, que están de acuerdo sobre cierto «ideal». Esta definición omite lo esencial, y, por consiguiente, no se la puede considerar como exacta.

Definición de Miliukov

Tomemos un ejemplo aún más reciente: la definición de Miliukov, que, como vamos a ver, estaba dictada por un interés de clase muy claro. Los kadetes, como es sabido, pretendían ser «un partido al margen de las clases». A este respecto polemizamos con ellos, demostrando que no existe partido independiente de las clases, y que el partido kadete es un partido de clase, puesto que representa a la de los *pomiestchiks*.[1]

Si se tiene en cuenta la situación de entonces, se comprende fácilmente que Miliukov obraba a la vez como sabio burgués y como hombre político. Como hombre político, Miliukov tenía necesidad de ocultar al pueblo la naturaleza de clase de su partido: los kadetes no podían proclamar abiertamente ante las masas que defendían los intereses de los terratenientes y de la gran burguesía, es decir, de la minoría propietaria. Como hombre político, Miliukov sentía, comprendía

---

1 Grandes propietarios agrarios.

que, en las asambleas populares, le era necesario velar
el carácter de su partido, presentarlo a escena como
un hermoso desconocido. En la circunstancia, Miliukov político fue admirablemente servido por Miliukov sabio burgués, que había probado, con ayuda
de la ciencia burguesa, que un partido no tiene necesidad de ser «de clase», y que es simplemente un grupo
de hombres que piensan de la misma manera, que tienen un ideal definido, sin que haya que tener en cuenta la capa social a la cual están ligados. Este ejemplo
demuestra claramente cuán fácil es pasar de la definición académica de Vodovozov a la política completamente burguesa, concreta, activa de Miliukov. Para
éste, la fórmula de Vodovozov era muy cómoda: pudo
fácilmente aplicarla a su partido kadete y engañar a
los simples, dando a ese partido burgués la etiqueta de
partido independiente de las clases.

DEFINICIÓN DE LOS SOCIALISTAS
REVOLUCIONARIOS

Sabéis que los socialistas revolucionarios llamaban a
su partido, si no partido «al margen de las clases», al
menos partido «interclase». Esta definición se derivaba de su programa. La fórmula clásica de los socialistas revolucionarios indica que representan, en primer lugar, al proletariado; después, a los campesinos,
y finalmente, a los intelectuales, es decir, a tres vastos
grupos sociales a la vez. Así, pues, las primeras luchas
teóricas entre marxistas y socialistas revolucionarios
se desarrollaron en torno a nuestra afirmación de que
no hay partido interclase. Cada partido está ligado
a una clase determinada, y debe, por consiguiente,
defender intereses determinados. Hemos —decíamos

entonces— ligado nuestra suerte al proletariado. Esto no quiere decir que seamos hostiles a los campesinos, sobre todo en un país rural como Rusia. En un país como el nuestro, el proletariado debe establecer cierta colaboración con los campesinos, que representan una masa considerable. El nuestro es el partido del proletariado, la vanguardia de la clase obrera, de la cual ha surgido y a la cual dirige. Pero, al mismo tiempo que somos el partido del proletariado, dirigimos también la lucha de los campesinos, que tienen con los obreros muchos intereses comunes.

Los acontecimientos de los últimos años han puesto completamente en claro el papel práctico de los socialistas revolucionarios, y hoy se ve claramente por qué sostenían con tanto ardor esta definición que daban de su partido, hacia 1900, en el momento de su nacimiento. Muchos jóvenes revolucionarios encontraban entonces que Plejánov, el jefe reconocido de nuestro partido, prestaba demasiada atención a esta disputa; que buscaba querella a los socialistas revolucionarios; que la polémica que sostenía, con Lenin, contra Chernov era puramente académica, y que mejor hubiera sido combatir juntos a la autocracia que querellarse a propósito de los conceptos de «partido» y de «clase». Pero hoy veis que la discusión no tenía nada de académica, sino que era política, y muy importante.

He aquí por qué debemos, desde el principio, ponernos de acuerdo sobre el sentido de la palabra «partido» y definirla clara y exactamente.

Para nosotros, un partido es una organización política que forma parte integrante de cierta clase. Dicho de otro modo: hay *partidos proletarios* y *partidos burgueses.* Un partido no es simplemente un grupo de gentes que tienen las mismas opiniones, que están de acuerdo sobre una misma ideología, que pueden predicar en donde quieren, sin tener nada que ver con una u otra clase. Para nosotros, lo repito, un partido es una fracción de cierta clase. Ha salido de las entrañas de una clase, a la cual liga su suerte. Un partido lleva la huella imborrable de la clase de donde sale; su origen predetermina su misión y orienta su historia.

CLASE Y PARTIDO

Las palabras «clase» y «clase obrera» son actualmente claras para todos nosotros. Las comprendemos, no son materia de discusión. La noción de clase ha entrado en nuestra carne y en nuestra sangre, en nuestra vida cotidiana. Hemos visto, en dos revoluciones, a una clase en acción, y sabemos lo que es. Pero no siempre ha ocurrido así. Por mi exposición veréis que la lucha entre marxistas y *naródnikis* se desarrollaba, al menos al principio, en torno a la noción de «clase» o de «pueblo», como se decía entonces. Hubo un tiempo en que toda la lucha en el seno del socialismo ruso giraba en torno a estas cuestiones: «¿Qué es una clase? ¿Debe interesarse un revolucionario por una clase definida, o bien debe defender los intereses de todo el pueblo?»

Como sabéis, es Marx quien ha descubierto la teoría de la lucha de clases. Esta lucha no es una entidad, es una realidad viva. Pero Marx la ha reducido a fórmulas, la ha dado a conocer a todos, nos ha representado la historia humana como una lucha de clases. Y toda la lucha de los fundadores de nuestro partido marxista contra los primeros revolucionarios, los *naródniki*, ha servido, en suma, para explicar la teoría de la lucha de clases en las condiciones de Rusia y ha demostrado lo que es en nuestro país la clase obrera. Así, pues, esta idea, clara hoy para todos nosotros, de que nuestro partido es una fracción de la clase obrera, la hemos elaborado en el curso de una lucha teórica y práctica de diez años. Y, para comprender la historia de nuestro partido, nos es preciso explicar primero esta primera lucha de los marxistas contra los *naródniki*.

Se nos podrá objetar que, frecuentemente, una clase tiene varios partidos. Es exacto. La burguesía, por ejemplo, cuenta varios: los republicanos, los demócratas, los radicales socialistas, los radicales, los liberales independientes, los conservadores, etc. ¿No contradice este hecho mi definición? No lo creo. Es preciso observar que los partidos burgueses son frecuentemente, de hecho, no partidos distintos e independientes, sino fracciones de un único partido burgués. Esas fracciones se alzan unas contra otras en ciertos momentos (particularmente con ocasión de las elecciones), pero frecuentemente se amenazan con sables de madera. Frecuentemente, incluso, a los partidos les conviene hacer creer al pueblo que hay entre ellos serias diferencias. Pero, prácticamente, en las cuestiones fundamentales por las cuales se llega a la lucha en las barricadas, por las cuales se hacen revoluciones, se sufre de la guerra y del hambre, y particularmente en la cuestión de la propiedad individual, todos los partidos burgueses están de acuerdo. Así, pues, podemos afirmar que, cuando están en juego los intereses esenciales, no existe más que un gran partido burgués, el de los propietarios de esclavos, el de los que defienden la propiedad individual.

La historia nos da más de un ejemplo. Antaño, en América, los Estados del Norte y los del Sur entraron en conflicto a propósito de la esclavitud. No obstante, poco después se reconciliaron y reconstituyeron un Gobierno burgués poderoso, firmemente adherido al principio de la propiedad individual y que no condenaba de ninguna manera la esclavitud capitalista de entonces. Los ejemplos análogos de conflictos superficiales entre partidos burgueses son legión y confirman nuestra proposición: un partido es una fracción de una clase determinada.

Otra observación. No hay que imaginarse que cada clase produce, por decirlo así, automáticamente, fatalmente, un partido que responda enteramente a sus necesidades. Es falso pensar que la cosa sea tan simple que se pueda decir: clase número 1, partido número 1; clase número 2, partido número 2.

En la realidad, la cosa es mucho más complicada. Hay gentes que creen pertenecer en cuerpo y alma a una clase. Pero, en la prueba, cuando llega el momento decisivo, se encuentran de hecho con otra clase. Su ruta describe zig-zags. En un momento determinado de su evolución, enarbolan un programa. Más tarde, cuando la lucha de clases se acentúa y los grandes acontecimientos hacen ponerse a nivel de las otras a nuevas capas sociales y plantean de manera aguda nuevos problemas, se producen entre ellos reagrupamientos, transformaciones, y sólo después de un tiempo bastante largo, en los años decisivos en que se plantean las cuestiones fundamentales, se cristalizan, en fin, los elementos homogéneos de una clase.

Por eso, si se aborda esta cuestión de una manera simplista, se tropieza, en cierto modo, con contradicciones.

Esta cuestión, para nosotros vital, debemos abordarla científicamente, como corresponde a los marxistas, comenzando por guardarnos de examinar de una manera demasiado mecánica los fenómenos sociales. Es preciso comprender que un partido no se crea en un día, que se forma en el curso de los años, que en sus filas aparecen grupos sociales inestables; que el azar arroja a veces a un partido a grupos e individuos que lo abandonan en seguida, en tanto que otros vienen a reemplazarlos.

Solamente después de cierto desenvolvimiento de la lucha, cuando se tiene ante sí un ciclo de fenómenos más o menos completo, se puede decir que un partido dado corresponde plenamente a una clase dada.

Lo que acabo de decir nos da igualmente una respuesta a la cuestión de las relaciones entre el partido comunista (bolchevique) y la clase obrera. Se nos puede decir: «Si un partido es una parte de una clase, si nuestro partido es una fracción de la clase obrera, si la representa, si es su vanguardia y su cabeza, ¿cómo puede haber un partido menchevique que se intitula obrero, y un partido socialista revolucionario que también pretende defender a la clase obrera? Y, en el plano internacional, ¿por qué hay una socialdemocracia y una Segunda Internacional ligadas a la clase obrera?» ¿No contradice esto nuestra definición?

Tampoco ésta es una cuestión académica, pues nos lleva al fondo mismo del tema. Lo que he dicho de los partidos burgueses es verdad, igualmente, en gran parte, para los partidos obreros. Ni la clase obrera ni sus partidos nacen de golpe. El proletariado se ha constituido gradualmente, a medida que la población rural desembocaba en las ciudades industriales, donde, en parte, se fijaba, se transformaba, se hacía una clase obrera, con su psicología propia. Del mismo modo, en el transcurso de años y de décadas, se constituía poco a poco el partido de la clase obrera. Ciertos grupos estimaban que defendían al proletariado: por ejemplo, los mencheviques, en el curso de la primera revolución. Sólo progresivamente, a medida que la historia ponía al orden del día las cuestiones fundamentales que dividen a los hombres, que los oponen unos a otros y suscitan la guerra civil, han aparecido las divergencias, las escisiones, las fusiones, y entonces solamente se ha constituido un partido claramente definido. Y ese proceso, estrechamente ligado a la vida de los hombres, no estará plenamente acabado más que con la victoria completa del comunismo, cuando desaparezcan las clases y los partidos. No se trata de un proceso químico que se puede observar en una retorta desde el principio hasta el fin. Cuando se trata de fenómenos sociales, es preciso aprender a generalizar y saber orientarse en acontecimientos y hechos que afectan a millones, a decenas de millones de individuos.

Tampoco la clase obrera es enteramente homogénea. En ella se pueden distinguir diversas capas y estratificaciones. Por su nivel de vida y su manera de pensar, un obrero calificado inglés difiere profundamente de un peón. En Alemania, el obrero del libro se parece muy poco al minero. La aristocracia obrera constituye una capa bien determinada del proletariado. En la mayor parte de los casos ha adquirido los hábitos y el modo de pensar de la burguesía, a la cual sirve de instrumento de lucha contra la masa de los obreros. Los países imperialistas (y en primer lugar Inglaterra), que tienen la posibilidad de retirar superbeneficios de sus colonias, los emplean, en parte, en corromper a la capa superior de los obreros de la metrópoli. El proletariado, en su conjunto, se da cuenta de la tendencia de la evolución social; pero eso no quiere decir que cada obrero la apercibe.

No hay que olvidar que el grado de instrucción y de cultura varía considerablemente, según las capas de la clase obrera de un mismo país, y, con mayor razón, de países diferentes. Los obreros más atrasados están imbuidos de prejuicios religiosos o de otra especie. No olvidemos que la burguesía, además de los instrumentos directos de opresión de los obreros de que dispone, posee aún medios poderosos de presión sobre los trabajadores, como la escuela, la Prensa, etc.

Esto es lo que explica la formación de varios partidos en el seno de la clase obrera. Por eso la socialdemocracia, que, después de la guerra mundial, se ha hecho francamente antiproletaria y contrarrevolucionaria, goza aún de una influencia considerable entre los obreros.

El segundo Congreso de la Internacional comunista ha adoptado una resolución sumamente importante sobre las tareas y la función del partido proletario en la revolución. Esta resolución, en la elaboración de la cual participó Lenin, define el papel del partido proletario antes de la revolución, en su transcurso y después de ella. En ella se explica, entre otras cosas, por qué ningún partido comunista puede reunir en sus filas, antes de la revolución proletaria, a la totalidad, o siquiera, simplemente, a la mayoría de la clase obrera. Es indispensable el conocimiento de este documento fundamental del comunismo internacional para todos los que quieren comprender la función histórica del partido proletario.

A causa de su situación dominante, la burguesía tiene casi en todos los países un número considerable de agentes, voluntarios o involuntarios, entre la clase obrera. La inmensa mayoría de los líderes sindicales y socialdemócratas actuales son, en realidad, sus agentes. Pero la recíproca no es verdad; la clase obrera no tiene y no puede tener agentes suyos en el campo de la burguesía. Evidentemente, ciertos miembros de la clase burguesa pueden unirse al proletariado, pero se ven obligados entonces a romper con la burguesía.

Por consiguiente, la estructura de clase de la sociedad no es tan simple como parece a primera vista, y los miembros de una clase no piensan siempre de acuerdo con los intereses verdaderos de su clase. Por eso, incluso ahora, después de la guerra mundial, de la revolución rusa y de las fuertes sacudidas revolucionarias en Europa, existen aún, no solamente partidos socialdemócratas que engloban a masas de obreros, sino numerosos obreros que, en las elecciones, votan por los millonarios, como ocurre en América. Hay sindicatos cristianos que, aunque compuestos en su mayoría por obreros, siguen una política burguesa y reaccionaria.

Actualmente, la Segunda Internacional sigue aún notablemente ligada con los medios obreros. Sin embargo, para nosotros no hay duda de que no es, en realidad, más que una fracción de la burguesía, su ala izquierda, aunque cuente entre sus miembros muchos excelentes obreros. Así, pues, existen varios partidos obreros, pero no hay más que un partido *proletario*. Un partido puede ser obrero por su composición, sin ser proletario por sus tendencias, su programa y su política. De ello nos ofrecen un ejemplo los países capitalistas de Europa y América, donde existen varios partidos obreros, pero un solo partido proletario, el partido comunista, y donde se encuentran, al lado de la socialdemocracia, partidos católicos y otros. Todos son una parte de la clase obrera, pero no la más avanzada; sus afiliados son obreros, pero, por su política, no son más que una fracción del partido burgués.

LOS ANIVERSARIOS DEL PARTIDO

Todo lo que acabo de decir es un preámbulo necesario a la historia de nuestro partido. Su período prehistórico, su aparición, las primeras etapas de su desarrollo son la cristalización gradual del partido proletario salido de la clase obrera. Por eso, como vamos a demostrarlo, no se puede decir estrictamente que nuestro partido, en 1923, cuenta veinticinco años de existencia.

La Unión Obrera del Norte de Rusia, fundada con la colaboración de Plejánov y dirigida por el carpintero Jalturin y el cerrajero Obnorsky, puede considerarse como el embrión de un partido obrero. Surgió en San Petersburgo, a fines de 1877, o, más exactamente acaso, en 1878. Fue la primera organización que preconizó la lucha política del proletariado. Esta organización, evidentemente, no era aún marxista. Desde 1878 han pasado cuarenta y cinco años, y en rigor se podría hacer remontar nuestro partido a la fundación de la Unión Obrera del Norte de Rusia.

El Grupo de la Emancipación del Trabajo fue fundado en 1883. Se formó en la época en que una generación de revolucionarios, dirigida por Plejánov y Axelrod, comprendió que no se podía contar con una revolución puramente campesina y que la fuerza principal del movimiento revolucionario en Rusia sería la clase obrera, que se desarrollaba y se afirmaba de año en año. Rompiendo con los *naródniki* y dándose cuenta de la necesidad de crear un partido de la clase obrera, ese grupo elaboró, en 1885, un proyecto de programa del partido socialdemócrata. Por consiguiente, aparece en la historia del movimiento revolucionario como la primera organización marxista. Se puede perfectamente datar de su fundación el nacimiento de nuestro partido, cuyo cuadragésimo aniversario se cumpliría así en 1923.

En tercer lugar, nuestro partido puede hacer remontar su origen a su primer Congreso, celebrado en

Minsk el 14 de marzo de 1898, lo que le daría veinticinco años de existencia. Pero es preciso observar que esta fecha es poco significativa, pues el Congreso no dio apenas ningún resultado. Los organismos que creó fueron disueltos al cabo de algunos días, la mayor parte de sus miembros fueron detenidos y el Comité central que eligió cayó casi por entero en las garras de los gendarmes, y no pudo realizar ni la centésima parte de las tareas proyectadas.

En 1903 se celebró nuestro segundo Congreso. Comenzado en Bruselas, terminó en Londres. De hecho, este Congreso fue el primero, y podríamos también decir que festejamos actualmente, en 1923, el vigésimo aniversario de nuestro partido.

Después, en 1905, en Londres, se reunió el tercer Congreso, el verdadero Congreso de nuestro partido: el Congreso del partido bolchevique, que no comprendía mencheviques. (Era la época de la escisión.) Se puede, así, considerar este Congreso como el primero, pues ha dado una base a la táctica de los bolcheviques en vísperas de la revolución de 1905. A continuación nos reunimos de nuevo con los mencheviques, con los cuales celebramos congresos comunes en Estocolmo (1906) y Londres (1907). Pero el Congreso de 1905 fue, sin embargo, uno de los más importantes, pues colocó los cimientos de la táctica revolucionaria que los bolcheviques iban a aplicar en el período de la primera revolución.

En fin, tendríamos derecho a datar nuestro partido de 1912, época de la ruptura completa con los mencheviques. Entonces, a favor de las huelgas del Lena y de los acontecimientos que las sucedieron, comenzamos a reorganizar nuestro partido, después de un largo período de represión. Fue en la Conferencia panrusa de Praga, de la que estaban excluidos los mencheviques, donde proclamamos: «El viejo Comité central no existe. Nosotros reconstruiremos el partido.» Propiamente dicho, entonces construimos los cimientos del partido, después de la derrota de 1905 y de la contrarrevolución.

Yendo más lejos, podríamos decir que la ruptura total con los mencheviques se ha producido, no en 1912, sino en 1917. En efecto, después de la revolución de febrero, después del derrumbamiento del zarismo, se procedió a la convocatoria de un Congreso de unidad socialdemócrata, al cual fueron invitados todos los socialdemócratas, sin distinción de fracciones ni de tendencias, y ante el cual Lenin presentó sus célebres tesis sobre el poder sovietista, hoy entradas en la historia del socialismo internacional. En ese momento se estimaba aún posible unificar la socialdemocracia y realizar la fusión de bolcheviques y mencheviques.

Para acabar, se puede decir que nuestro partido no fue definitivamente fundado hasta 1918, después de la paz de Brest-Litovsk, cuando, en nuestro séptimo Congreso, decidimos cambiar el nombre y llamarlo en lo sucesivo «Partido comunista ruso».

Proceso de formación de un partido

He citado intencionadamente toda una serie de fechas para demostrar que lo que importa no es la cuestión formal, secundaria, de los veinte o los veinticinco años de existencia de una organización, sino la manera cómo se forma realmente un partido. No hay que creer que un buen día los partidarios de un ideal definido, según la expresión de Vodovozov, se reúnen y se dicen: «¡Bien! ¡Vamos allá! ¡Formemos un partido!» No. La cosa no es tan simple. Un partido es un organismo vivo, unido por millones de hilos a la clase de que sale. Se crea en el curso de años, e incluso de decenas de años. Si, por ejemplo, se hace remontar el origen de nuestro partido a la fundación de la Unión Obrera del Norte de Rusia, por Jalturin, se llega a cuarenta y cinco años de existencia. Si se cuenta a partir del momento en que fue adoptada la apelación de «partido comunista», tenemos sólo cinco años; partiendo de la fundación del Grupo de la Emancipación del Trabajo, cuarenta años.

Se ve, pues, que la formación dialéctica, viva, de un partido es un proceso muy complejo, largo y penoso. Un partido nace en medio de las dificultades más crueles; sufre reagrupamientos, escisiones, incesantes pruebas en el fuego de la lucha, antes de ser el partido de una clase dada. E incluso entonces su evolución no está aún terminada: continúa absorbiendo nuevos grupos y eliminando otros.

Todos esos fenómenos se observan en nuestro partido. Incluso ahora, cuando ha logrado formarse definitivamente en el curso de tres revoluciones, continúan produciéndose en su composición, en sus cuadros, ciertos movimientos, una renovación incesante de sus elementos. Después de la revolución, el número de sus miembros campesinos crece muy rápidamente, y luego disminuye; más tarde, la proporción de obreros urbanos aumenta de nuevo; por otra parte, grupos enteros de intelectuales entran en el partido; pero salen enseguida. Por eso, sólo reflexionando bien en las particularidades de este movimiento, considerando al partido dialécticamente, en función de la lucha viva de las masas, se tendrá de él una idea justa.

El movimiento de los *naródniki*

Los *naródniki* que militaban en el período de 1870 a 1880, y que en su mayor parte eran intelectuales, se daban como fin sublevar a las masas campesinas, llevarlas a la revolución. El proletariado urbano era entonces una clase de una fuerza mínima. El principal mérito de los mejores *naródniki* era comprender la necesidad de una transformación radical y que ésta sólo podía realizarse por una revolución. Rusia salía entonces, apenas, del régimen feudal. Solamente había transcurrido una decena de años desde la reforma agraria de 1861. Los campesinos y los *pomeshchiks*[1] formaban las dos clases fundamentales del país.

Los *naródniki* de 1890 eran ya, sin duda alguna, representantes de la pequeña burguesía. Frecuentemente caían en el liberalismo pacífico. Habían dejado de creer en la revolución verdaderamente popular, campesina, plebeya. Se convertían progresivamente en los portavoces de la pequeña burguesía, con sus aspiraciones reaccionarias, y a veces, incluso, en los ideólogos de la burguesía.

En tanto que la generación de los *naródniki* de 1870 se distinguía por el frescor de sus sentimientos, su ardor, su entusiasmo, su valor, su abnegación revolucionaria sin límites, el movimiento de los *naródniki* de 1890 presentaba todos los síntomas de la decrepitud. Si los Jeliábov y los Peróvskaya no hubieran perecido al principio de su carrera revolucionaria, si hubieran vivido hasta la aparición del movimiento de masas en Rusia, habrían podido convertirse en revolucionarios proletarios. Por el contrario, los Krivenko, los Nicolás e incluso los Mijailovsky no podían llegar a

---

1 Nobleza propietaria de tierras. (N. de ed.)

ser revolucionarios proletarios; no podían llegar a ser, en la hipótesis más favorable, más que los ideólogos de los socialistas revolucionarios traidores a la revolución.

Ya hemos dicho que el primer período del movimiento revolucionario ruso lo ocupa la lucha entre marxistas y *naródniki*. El movimiento de los *naródniki* fue indudablemente revolucionario, y alcanzó su pleno desenvolvimiento hacia 1875. Ha escrito páginas gloriosas en la historia revolucionaria y ha dejado ejemplos memorables de actos de valor individual. Los *naródniki* que, abandonando su familia y renunciando a los privilegios de su clase, fueron, como se decía entonces, «al pueblo», dieron prueba de un bello heroísmo, y nosotros nos inclinamos ante ellos.

Pero su movimiento no era proletario. Su divisa: «Es preciso ir al pueblo» no era fortuita. La idea de «clase» no existía entonces en Rusia, y los revolucionarios sólo conocían la noción de «pueblo». Desde luego, todos estamos en favor del pueblo, y no hay, naturalmente, nada malo en esta palabra. Pero los *naródniki* le daban un sentido vago, muy elástico. Por este término se entendía entonces, generalmente, a los campesinos, pues no había clase obrera, que apenas nacía. Esto no quiere decir que rechacemos esta herencia y que nos neguemos a ver los ejemplos de heroísmo admirable que señalaron esta época. Por el contrario, el partido proletario acepta con orgullo la herencia de los mejores *naródniki* del período de 1870-1880.

Los comunistas y la Revolución francesa

Conocéis nuestra actitud, la de los comunistas, hacia los grandes revolucionarios burgueses de 1789, época en la cual la clase obrera estaba aún en estado embrionario. Sentimos por ellos, sobre todo por los que, por el sacrificio de su vida, demostraron su abnegación hacia el pueblo, un profundo respeto. Estudiamos la historia de la Revolución francesa, invitamos a nuestra juventud a sacar lecciones de los materialistas de fines del siglo XVIII. Para los que se interesan por la filosofía hay mucho más que aprenderán los grandes materialistas de entonces que en ciertos «marxistas» revisionistas de hoy. Por eso nuestro partido considera necesario reeditar los clásicos del materialismo. Cada uno de nosotros sacará de ellos mucho más provecho que de las «teorías» formuladas aprisa y corriendo que se nos exponen, a veces con muy buenas intenciones, pero que no tienen nada de común con el marxismo. Repito que inculcamos a nuestra juventud el más profundo respeto por los hombres eminentes de la gran revolución burguesa. Conocemos el carácter de clase de esta revolución y la lucha entre sus corrientes diversas. Aprendemos a discernir la base de clase de los montañeses y de los girondinos. Atribuimos la mayor importancia al estudio de las formas embrionarias del movimiento socialista en la Revolución francesa. Sabemos que sí esta revolución ha enviado un rey a la guillotina, ha promulgado, por otra parte, una ley contra las coaliciones obreras. Pero la pléyade de los grandes revolucionarios burgueses ha sido la tropa de choque de la humanidad y ha roto el armazón del feudalismo; ha realizado las libertades burguesas y, al hacerlo, ha dejado el campo libre a la ola creciente de las revoluciones proletarias que debían madurar en el curso de los siglos XIX y XX.

Los jefes burgueses de la Francia imperialista actual, los Poincaré, Briand, Millerand y otros, gustan de presentarse como los continuadores de los grandes revolucionarios de 1789. Durante la guerra de 1914-1918, particularmente, todos esos despreciables epígonos no han cesado, con los socialtraidores, de ensalzar la Revolución francesa y de engañar al pueblo, declarando que su deber era batirse para asegurar el triunfo de los grandes principios del 89. Entre un Marat, e incluso un Robespierre, y hombrecillos como Briand, Renaudel, Herriot y Blum, que se pretenden sus sucesores, hay un abismo.

Los representantes de la burguesía revolucionaria, operando en el marco de la opresión feudal, abrían una brecha en la servidumbre, en tanto que los representantes de la burguesía francesa actual, que se colocan apresuradamente entre los herederos de la revolución de 1789, no son, en realidad, más que los despreciables instrumentos de la reacción burguesa. Del mismo modo, en Rusia, los Gotz y Chérnov son a los Jeliábov y a los Peróvskaya lo que en Francia Briand es a Marat.

ACTITUD DE LOS COMUNISTAS
RESPECTO A LOS *NARÓDNIKI*

Reconocemos el valor de Jeliábov, de Sofía Peróvskaya y de todos los que, en los días en que el zarismo pesaba duramente sobre Rusia, en que se sufría una opresión de una barbarie inaudita, han sabido tomar las armas contra la autocracia, conducir al combate a los primeros grupos de revolucionarios y afrontar valientemente la horca. Sin duda, la «marcha al pueblo», movimiento revolucionario vagamente teñido de socialismo, no fue, y no podía ser, un movimiento proletario; pero fue, sin embargo, un gran movimiento. Los *naródniki* han abierto una brecha en el muro del zarismo, en la fortaleza de la aristocracia. Fueron héroes: se alzaban contra los prejuicios, rompían los vínculos que les ligaban a la clase privilegiada, renunciaban a todo e iban al combate por la conquista de las libertades políticas. No tenían programa socialista preciso, y en esa época no podían tenerlo. Objetivamente, su lucha tenía como finalidad la conquista de las libertades democráticas. Por algo, en el pasado, el Comité ejecutivo de Naródnaya Volia, la más vasta de las organizaciones *naródniki*, dirigió una carta al presidente de los Estados Unidos, Lincoln.

No vacilamos en descubrirnos igualmente ante los decembristas, que pertenecen a una generación anterior de revolucionarios burgueses. Combatieron al zarismo con un programa aún mucho más moderado. Eran verdaderamente la flor de la aristocracia, de la nobleza y de la oficialidad del Ejército. Se separaron de su clase, rompieron con sus familias, abandonaron sus privilegios y emprendieron la batalla contra la autocracia. Tampoco ellos, sin duda, tenían programa socialista, y no eran más que revolucionarios burgueses, por otra parte muy inestables. Pero nuestra generación no rechaza esta herencia, este pasado glorioso, y nosotros nos inclinamos profundamente ante los primeros *naródniki* revolucionarios, que supieron morir por el pueblo en los días en que no había proletariado y en que no podía haber partido proletario. Gotz y Chérnov pretenden continuar la obra de los *naródniki*. La continúan exactamente como Briand y Poincaré continúan la obra de Marat y de Robespierre.

Lo repito: los *naródniki* del primer período contaban en sus filas con individualidades extraordinarias, con hombres que quedarán para siempre como ejemplos de sacrificio, de heroísmo, de abnegación incomparable por su pueblo. Pero ese movimiento no era proletario, y no podía serlo en esa época.

Prehistoria del proletariado ruso

El nacimiento de nuestro proletariado ha durado decenas de años, incluso puede decirse que un siglo. La *Historia de la socialdemocracia rusa,* de Mártov, cuya lectura, a pesar del punto de vista menchevista que en ella se manifiesta, es útil para todo marxista, contiene, al lado de concepciones erróneas, numerosos hechos interesantes. La clase obrera rusa, estrictamente hablando, ha comenzado a formarse en el siglo XVII. En esta época aparecieron en nuestro país las primeras grandes Empresas, los primeros talleres importantes. Los primeros obreros fueron siervos, campesinos o artesanos, que obtuvieron pronto una semilibertad y se convirtieron poco a poco en obreros en el sentido actual de la palabra.

Basta consultar obras como las de Tugán-Baranovski, de donde la crítica marxista está ausente, pero que dan gran cantidad de hechos; *El desarrollo del capitalismo en Rusia,* de Lenin, así como los trabajos de Struve y los de nuestro historiador, el camarada M. Pokrovski, para ver que los primeros movimientos obreros remontan al siglo XVIII.

Se produjeron movimientos en 1796, entre los obreros de las fábricas de Kazan; en 1797, en el Gobierno de Moscú; en 1798 y 1800, en Kazan; en 1806, en el Gobierno de Moscú y en Yaroslavl; en 1811, en el Gobierno de Tambov; en 1814, en el de Kaluga; en 1815, en Yaroslavl y Kazan; en 1818, en Yaroslavl; en 1819, en Kazan; en 1821, en los Gobiernos de Voronej y de Kaluga; en 1823, en los Gobiernos de Vladimir y de Moscú y en Yaroslavl; en 1829, en Kazan; en 1834, en Kazan y en el Gobierno de Moscú; en 1836, en Kazan; en 1837, en el Gobierno de Tula; en 1844, en el de Moscú, y en 1851, en el de Voronej.

Más aún: las investigaciones sobre la sublevación de los decembristas han probado que, cuando estalló el movimiento de 1825, los obreros petersburgueses estaban mezclados con la muchedumbre que cubría la plaza del Senado. Esos obreros expresaron abiertamente su simpatía hacia las tropas insurrectas, que se disponían a marchar contra Nicolás I.

En 1845, el Gobierno de Nicolás I tuvo que promulgar una primera ley que castigaba con la pena de muerte el delito de huelga. En 1848, la tempestad de las revoluciones burguesas se extendió por toda Europa, pero no llegó hasta Rusia; el zar, por precaución, envió tropas para aplastar la revolución húngara. No obstante, indirectamente, ejerció alguna influencia en nuestro país. Un viento fresco pasó sobre Rusia.

El año 1861 es igualmente una fecha fundamental. Este año marca la abolición de la servidumbre y el principio del movimiento de la burguesía liberal. Poco a poco, la clase obrera aumenta en Rusia; hacia 1870 representa ya una masa bastante importante. Sin embargo, los primeros círculos de revolucionarios que aparecen después de los decembristas no están compuestos de obreros.

EL CÍRCULO CHAIKOVSKI

El Círculo Chaikovski, fundado en 1869, está considerado como el primer círculo revolucionario. Lo frecuentaban Sofía Peróvskaya, N. Natanson, Voljovski, Chicliko, Kropotkin, Kravchinski, nombres todos ellos significativos.

Chaikovski vive aún; pero políticamente ha muerto desde hace mucho tiempo. Miembro del primer

Comité ejecutivo del Soviet de diputados obreros de Petrogrado, después de la revolución burguesa de 1917, pronto se situó a la extrema derecha, sobrepasando en reaccionarismo a los mencheviques y socialistas revolucionarios. Fue uno de los inspiradores de la odiosa campaña de calumnias realizada contra Lenin, a quien se acusaba entonces de ser un espía alemán. Más tarde, nombrado gobernador de Arjangel por los ingleses, se puso de acuerdo con Kolchak, y, arrojado a la espuerta de la basura de la historia, vive hoy en París.

Peróvskaya, como sabéis, murió en 1881. Participó en la preparación del atentado contra Alejandro II, y su nombre es uno de los más gloriosos de la historia del movimiento revolucionario. N. Natanson (Bobrov) ha muerto recientemente. Socialista revolucionario de izquierda en el momento de la revolución de octubre, había estado a nuestro lado en Zimmerwald, y se aproximó a nosotros sobre todo después de la sublevación absurda fomentada por su grupo contra el Poder soviético. De los otros miembros de la organización Chaikovski, unos han muerto; otros, abstracción hecha de Kropotkin y de Kravchinski, han quedado en el partido socialista revolucionario.

Este pequeño Círculo nos demuestra cómo el movimiento de los *naródniki* se ha desarrollado y ha suministrado ideólogos a grupos diferentes. Así, por ejemplo, Kropotkin (que se dejó arrastrar al patriotismo durante la guerra) fue el teorizante del anarquismo, y Natanson un internacionalista muy próximo a los comunistas. Chaikovski, que, en sus mejores tiempos, no fue más que un mediocre demócrata burgués, no supo siquiera permanecer demócrata y se hizo el portavoz indiscutido de la burguesía.

El primer círculo obrero se constituyó hacia 1875. Sus afiliados más significados fueron el tejedor Piotr Alexéiev, Malinovsky, Agapov, Alexandrov, Krylov, Guerassimov. Es conocido el famoso discurso de Piotr Alexéiev. A este círculo pertenecía igualmente, si no me equivoco, Moissenko, a quien acabamos de enterrar.

La unión obrera del sur Rusia

En 1875, Zaslavsky creó en Odessa la Unión Obrera del Sur de Rusia. Pero el programa de esta organización no era tan claro como el de la Unión Obrera del Norte de Rusia, fundada próximamente tres años después. Se puede ver aquí uno de los primeros signos de esta diferencia, que ha existido siempre, entre el Norte y el Sur, y que se puede comprobar en el curso de toda nuestra revolución. En la historia se considerará al Norte como a la parte revolucionaria por excelencia de Rusia, y al Sur, por el contrario, como la principal fuente, el principal refugio de la contrarrevolución, que concentraba allí sus fuerzas para lanzarlas contra el Norte.

La diferencia que existe en la composición social de esas dos regiones ha impreso su huella en las dos primeras organizaciones obreras que en ellas han nacido. Por su programa, la Unión Obrera del Norte estaba, indudablemente, mucho más cerca de nosotros, de la verdad revolucionaria; era mucho más avanzada en su concepción de la lucha política y del movimiento revolucionario de masas.

MARXISTAS Y *NARÓDNIKI*

Para comprender bien la relación histórica entre *naródniki* y marxistas, en Rusia, es preciso tener en cuenta las condiciones en que se han desarrollado los dos movimientos: carencia de una clase obrera importante, opresión formidable de la autocracia; «marcha al pueblo», es decir, a los campesinos, con un programa muy confuso; valentía de los revolucionarios de entonces junto a la carencia de un punto de vista proletario; formación de los primeros círculos de intelectuales; aparición, en 1875, de los primeros círculos obreros, aún estrechamente sometidos a la ideología de los *naródniki*.

Ya he hablado de Chaikovski. Este hombre encarna, en cierto modo, los dos aspectos del movimiento de los *naródniki*. Hacia 1870 fue el portaestandarte de los intelectuales de vanguardia, y creó las bases del movimiento revolucionario. Pero, después de la revolución de octubre, es claramente el agente, o más bien el instrumento miserable de Kolchak y de la burguesía inglesa. Se ve en Chaikovski el anverso y el reverso del movimiento de los *naródniki*, de ese movimiento que no ha cesado de presentar dos corrientes: una, generadora de los Jeliábov y de los Peróvskaya, y después de los Sazonov y de los Balmachov, y otra, la corriente de derecha, particularmente visible después de 1880, y que se distinguía muy poco por su acción y su propaganda del liberalismo.

Los *naródniki* de 1870 fueron, en su conjunto, revolucionarios de gran mérito. El proletariado victorioso no cesará de rendirles homenaje. Pero, al mismo tiempo, dirá: «No caigáis en sus defectos, no repitáis sus frases vagas sobre el pueblo; hablad de clase, id al proletariado, y sabed que el proletariado industrial

es la clase fundamental que liberará a la humanidad.»
Los *naródniki* no podían por menos que ser débiles,
imprecisos en su ideología, pues vivían en un tiempo
en que la clase obrera estaba aún en mantillas. Imi-
témosles en lo que hizo su fuerza: su devoción por el
pueblo, su abnegación, su lucha contra los prejuicios
de clase y los privilegios, su valor para ir contra la
corriente. Cuanto más oscura es la noche, más brillantes son las estrellas: Jeliábov y Peróvskaya brilla-
ron con una luz incomparable en la noche espesa del
zarismo. Por eso los honran la clase obrera rusa victoriosa y los proletarios del mundo entero.

REVOLUCIONAMOS BURGUESES Y REVOLUCIONARIOS PROLETARIOS

Como es sabido, hubo entre los *naródniki,* sobre todo
en el mundo de los funcionarios públicos (*chinovniks*),
una tendencia muy próxima por su ideología al
liberalismo burgués más vulgar, tendencia que, en su
evolución ulterior, debía lógicamente dar nacimiento
a la derecha del partido socialista revolucionario.

No olvidemos que las revoluciones son o burguesas
o proletarias. Sólo así comprenderemos lo ocurrido
al partido socialista revolucionario. En tanto que se
trata de vencer al zarismo, de hacer la revolución
burguesa, *naródniki* y socialistas revolucionarios
sabían por qué se batían, por qué arriesgaban su
vida. Tenían energía, aliento, entusiasmo; de sus
filas salían hombres eminentes, como Guerchuni.
Pero cuando se realizó su revolución y fue necesario
preparar la revolución proletaria, todo lo que
había sido su fuerza se convirtió en su debilidad.
Fueron entonces para nosotros más peligrosos que

los contrarrevolucionarios burgueses ordinarios, pues volvieron contra la clase obrera su energía, su habilidad, su práctica de la conspiración, su contacto con las masas.

Es preciso distinguir dos períodos en la evolución de los socialistas revolucionarios, en las metamorfosis de los *naródniki*. Durante cierto tiempo fueron revolucionarios burgueses, una fuerza de progreso que había que sostener, con la cual debíamos hacer frente único contra la autocracia. Pero sólo fueron una fuerza de progreso hasta el momento en que la clase obrera tomó el Poder, después de haber derribado a los privilegiados, a los propietarios. En cuanto nos fue necesario administrar el Estado sin los *pomitiestchiks*, los socialistas revolucionarios dieron media vuelta y volvieron todas sus fuerzas contra los obreros, contra la revolución proletaria.

La lucha de los revolucionarios proletarios contra los revolucionarios burgueses

Todo el primer período de la historia de nuestro partido es la lucha, semiconsciente al principio, después consciente, de los revolucionarios proletarios contra los revolucionarios burgueses. En tanto que se trató de combatir al zarismo, hicimos repetidas veces frente único. Pero en cuanto la revolución proletaria fue inminente y se emprendió la lucha por la conquista de las masas, por la influencia sobre la clase obrera, nuestros caminos divergieron. Desde entonces hubo entre revolucionarios proletarios y antiguos revolucionarios burgueses una lucha encarnizada que ocupa una serie de años decisivos para los destinos de la revolución.

CAPÍTULO II

LA LUCHA ENTRE EL MARXISMO Y EL NARÓDNIKISMO

He dicho ya que toda la polémica entre *naródniki* y marxistas giraba en torno a las palabras «pueblo» y «clase». Pero la lucha histórica entre los dos movimientos está lejos de ser simple; su comprensión exige una reflexión seria, un examen profundo.

Los *naródniki* polemizaban con los marxistas sobre la cuestión de los destinos de nuestro país y, ante todo, sobre el papel probable del capitalismo en Rusia. En 1870, e incluso en 1880, aún se podía intentar probar, como hacían los *naródniki,* que Rusia no pasaría, como los otros Estados de Europa, por el estadio del capitalismo. Partiendo del hecho de que el capitalismo y la gran industria eran aún muy débiles entonces en nuestro país, toda una escuela (que se consideraba como socialista), la de los *naródniki,* trataba de demostrar que el desenvolvimiento de Rusia no seguiría la misma vía que el de los otros países: que se lograría saltar de la pequeña industria primitiva al socialismo.

Entonces surgió la cuestión sumamente importante de las relaciones con los campesinos. La mayor parte de los *naródniki* pretendían que nuestra comunidad rural, el *mir,* no era otra cosa que el embrión del comunismo; que, sin atravesar el estadio de la producción fabril, de la gran industria urbana, de la concentración de las riquezas y de la formación de una clase proletaria, Rusia pasaría directamente, sin transición alguna, a la organización socialista, tomando como base las células comunistas que eran, según ellos, las comunidades rurales.

Los *naródniki* revolucionarios consideraban que los obreros también podían ser de cierta utilidad en la lucha contra el capitalismo. Con el tiempo, es verdad, se dieron cuenta de que los obreros eran mucho más accesibles a la propaganda revolucionaria que el resto de la población, y comenzaron a reclutarlos para sus círculos. Sin embargo, la fuerza fundamental en que basaron su táctica fue lo que ellos llamaban «el pueblo», es decir, la clase campesina.

El error de los *naródniki*

A medida que se desarrollaba la situación en Rusia, el error de los *naródniki* aparecía con mayor claridad. El número de fábricas crecía, la proporción de los obreros en las ciudades aumentaba, y se demostraba que la comunidad rural, el *mir*, cuya desagregación era cada vez más evidente, no tenia nada que ver con el socialismo o el comunismo. En una palabra, la evolución de nuestro país desmentía a los *naródniki*, y por eso los marxistas llegaron con bastante rapidez a triunfar sobre ellos.

No me extenderé sobre esta polémica; ello nos llevaría demasiado lejos. En realidad, cuando se discutía sobre el papel del *mir*, sobre la cuestión de saber si habría un capitalismo en Rusia, si nuestro país seguiría una vía especial y evitaría el cáliz del desenvolvimiento industrial, se discutía igualmente sobre el papel del proletariado, pues se trataba, en suma, de saber cuál era la clase llamada a ser la fuerza fundamental de la revolución futura.

De hecho, el conflicto que dividía a marxistas y *naródniki*, y que tomaba en la lucha doctrinal formas diversas, se reducía a la cuestión del papel que desempeñaría la clase obrera en nuestro país. ¿Iba a constituirse un proletariado en Rusia?, y, en caso afirmativo, ¿cuál sería su papel en la revolución? Este era el punto fundamental de la discusión.

HETEROGENEIDAD DEL
MOVIMIENTO DE LOS *NARÓDNIKI*

Lejos de ser homogéneo, el movimiento de los *naródniki* se distinguía por una rara diversidad de aspectos. Contenía tendencias de todas clases, desde el anarquismo caracterizado hasta una especie de liberalismo burgués. Por eso algunos de sus miembros debían llegar a ser más tarde jefes de las tendencias y de los grupos políticos más diversos. Sin embargo, a pesar de esta heterogeneidad, en el movimiento de los *naródniki* se pueden distinguir dos corrientes fundamentales: una revolucionaria demócrata y otra burguesa liberal. Desde el punto de vista cronológico, hay que distinguir los *naródniki* de 1870 de los de 1880. Los primeros, un poco anarquizantes, pertenecían, en su mayoría, a la corriente revolucionaria demócrata: los segundos, a la corriente burguesa liberal, que, más tarde, se fundió casi enteramente con el liberalismo ruso, el partido kadete, etc.

LOS *NARÓDNIKI* DE 1870 Y LOS DE 1880

Los *naródniki* revolucionarios de 1870 fundaron una serie de organizaciones que fueron, para el movimiento revolucionario de entonces, conquistas importantes. Crearon, notablemente, los grupos 'Tierra y Libertad' y Naródnaya Volia.[1] De su seno surgió una pléyade de militantes que dieron prueba de valor, de heroísmo y que, sin ser revolucionarios proletarios, representaron, sin embargo, una fuerza democrática revolucionaria.

La segunda generación de los *naródniki* tenia un carácter muy diferente de la precedente y desempeñó frecuentemente, hacia 1880, un papel francamente reaccionario. Se pueden encontrar, a este respecto, detalles interesantes en las bellas obras, que no han envejecido lo más mínimo, de Plejánov, por ejemplo, en *Las bases del movimiento de los «naródniki»*, que dio a la luz bajo el pseudónimo de Volguin, y en una serie de obras de que hablaremos.

Krivenko

Para ilustrar mi pensamiento, bastarán algunos ejemplos. Un escritor *naródniki* notable, Kablitz-Yuzov, demostraba lo más seriamente del mundo que el pequeño propietario, y en primer lugar el campesino, eran, en virtud de su «independencia económica», el tipo de la categoría más elevada de ciudadanos. Nuestro honorable *naródniki* calificaba de «independencia económica» la situación del pequeño campesino, aplastado por la usura y la hipoteca. Llegaba hasta a pedir que el campesino no renunciase a su «independencia económica», ni siquiera a cambio de la libertad política.

Semejante ideología es evidentemente reaccionaria En ninguna parte del mundo el pequeño propietario

---

1 Voluntad del pueblo.

es económicamente independiente; casi siempre está bajo el yugo de los grandes propietarios y de la Administración. Así, pues, Krivenko y sus partidarios frenaban el pensamiento revolucionario, a la inversa de los que querían ir a los obreros y comenzaban a comprender que se formaba una clase nueva, que, no poseyendo nada, no estaba ligada por nada y era, por consiguiente, revolucionaria.

Mijailovsky

Por otra parte, los *naródniki* de derecha no son los únicos en razonar a la manera de Krivenko. En su polémica con los marxistas, un escritor influyente como N. Mijailovsky declaraba triunfalmente: «En Rusia no puede haber movimiento obrero como en Europa occidental, porque no hay, propiamente dicho, clase obrera; el obrero permanece ligado a la aldea y puede siempre volver a su casa; es propietario agrario y no tiene, pues, por qué temer el paro.»

Korolenko

Mijailovsky, como es sabido, estaba a la cabeza del grupo La Riqueza Rusa, al cual pertenecía igualmente Korolenko. Y es acaso el ejemplo de este último el que demuestra mejor que, hacia 1880 y más tarde, cierto número de *naródniki* se confundían más o menos con los liberales burgueses.

Korolenko gozaba y goza aún de la estima merecida de los que han leído sus obras. Así, cuesta algún trabajo creer que no fuese un revolucionario, que perteneciese a la fracción burguesa liberal de los *naródniki*. Sin embargo, ello no ofrece ninguna duda. Como artista, Korolenko es, sin disputa, una de las más grandes figuras de nuestro tiempo, y durante mucho tiempo aún sus obras serán para nosotros una delicia. Pero, como político, no fue más que un liberal. Al principio de la guerra, escribió un folleto para justificar la matanza imperialista. Aún más: de su correspondencia póstuma se deduce claramente que en el grupo La Riqueza Rusa estaba en el ala derecha. Habiéndose producido una discusión apasionada en este grupo sobre la posibilidad de una colaboración en *Rietch,* de Miliukov, órgano de los kadetes, Korolenko defendió con ardor la necesidad de esta colaboración, se negó a someterse a la decisión de la mayoría de sus camaradas y trabajó en el periódico en cuestión, afirmando así su solidaridad con los liberales.

LAS DOS ALAS DEL NARÓDNIKISMO

Así, pues, no debemos olvidar que el movimiento de los *naródniki* era sumamente complejo y comprendía tendencias que iban del liberalismo al anarquismo. Ciertos *naródniki* anarquizantes se pronunciaban contra la lucha política. En suma, ese movimiento se componía esencialmente de dos fracciones: una, revolucionaria; otra, oportunista y liberal. Pero incluso la fracción revolucionaria no era ni proletaria ni comunista; aspiraba únicamente al derrumbamiento de la autocracia.

EL TERRORISMO

La cuestión del terrorismo desempeñó igualmente un gran papel en las discusiones entre marxistas y *naródniki*. El ala revolucionaria de los *naródniki* llegó, hacia 1875, a la conclusión de que era indispensable recurrir al terror contra los representantes de la autocracia rusa, a fin de desencadenar la revolución y de adelantar la hora de la liberación. Los marxistas, con mucha timidez al principio (por ejemplo, en su primer programa, redactado por Plejánov en 1885), condenaron el terrorismo. Esta timidez desapareció en cuanto comenzó a constituirse un partido obrero. Los *naródniki,* como más tarde los socialistas revolucionarios, trataron de hacer creer que los marxistas rechazaban los atentados porque no eran revolucionarios, porque tenían miedo a la sangre y carecían de valor. Hoy, después de nuestra gran revolución, difícilmente se nos podría acusar de tal debilidad. Pero en aquellos tiempos esos argumentos surtían efecto en lo mejor de la juventud, en los estudiantes, en muchos obreros ardientes, y ganaban para los *naródniki* numerosos elementos revolucionarios.

LA ACTITUD DE LOS MARXISTAS CON RESPECTO AL TERRORISMO

La verdad es que los marxistas no han estado jamás, en principio, contra el terror. Jamás se han colocado en el terreno del mandamiento cristiano: «No matar». Por el contrario, el mismo Plejánov ha repetido numerosas veces que toda ejecución no es un asesinato, y que matar a un canalla no es cometer un crimen. Frecuentemente citaba los versos ardientes de Pushkin contra los zares:

Autócrata infame:

os odio a ti y a tu raza;

tu pérdida y la muerte de tus hijos

las veré con una alegría salvaje.

Los marxistas subrayaban que eran partidarios de la violencia y que la consideraban como un factor revolucionario, pues hay demasiadas cosas que no se pueden destruir más que a sangre y fuego. Pero se pronunciaban por el terror colectivo. El asesinato de tal o cual ministro, decían, no servirá para nada: es preciso trabajar entre las masas, organizar a millones de hombres, ilustrar a la clase obrera. Sólo cuando esté realizada esta tarea llegará la hora decisiva. Entonces utilizaremos el terror, no contra los individuos, sino contra una colectividad; recurriremos a la sublevación armada. Es lo que hicimos por primera vez en 1905, en Rusia; es lo que, en 1917, nos ha conducido a la victoria.

Pero, en esta época, la cuestión del terror sembraba la confusión, y los *naródniki*, en parte al menos, parecían más revolucionarios que los marxistas. Oponían estos dos actos: matar a un ministro, o simplemente reunir círculos obreros para enseñarles el ABC de la política. Y decían: ¿No es claro que el hombre que mata a un ministro es un revolucionario, en tanto que el otro no es más que un «profesor»? Así, pues, durante algún tiempo, la cuestión del terror contribuyó aún a complicar la discusión entre marxistas y *naródniki*. Pero, actualmente, en el examen histórico de esta polémica, debemos dejar de lado todo lo que fue episódico, más o menos circunstancial, y no tener en cuenta más que lo esencial. Y lo que nos separaba esencialmente de los *naródniki* era nuestra concepción del papel que correspondía a la clase obrera.

Ahora nos es preciso aclarar la cuestión de la hegemonía del proletariado, pues esta cuestión fundamental domina toda la historia ulterior de nuestro partido, la lucha entre el bolchevismo y el menchevismo, la lucha entre la Montaña y la Gironda.

LA CUESTIÓN DE LA HEGEMONÍA
DEL PROLETARIADO

La hegemonía del proletariado es, por decirlo así, el papel director del proletariado, su predominio. En tanto que la clase proletaria no estaba aún formada en Rusia, no podía, evidentemente, haber discusión respecto a su hegemonía. Pero la perspicacia de los marxistas los hizo ver y comprender entonces, cuando el proletariado naciente representaba una fuerza relativamente mínima, que esta clase sería en la revolución el elemento director, primordial, la fuerza fundamental que serviría de guía a los campesinos.

Si tuviéramos que expresar de la manera más breve posible la esencia del bolchevismo, su papel en la historia del movimiento revolucionario ruso, su idea directora, diríamos: el bolchevismo es la hegemonía del proletariado. La cuestión de la hegemonía del proletariado es la que divide marxismo y narodnikismo, y, más tarde, comunistas e iskristas, bolcheviques y mencheviques, pravdistas y liquidadores. Esta es la fuente del desacuerdo fundamental, del que se derivan todos los demás, que, a pesar de su importancia intrínseca, son, relativamente, secundarios. El problema de la hegemonía del proletariado es el problema de los problemas.

Democracia o dictadura: ésta es la fórmula actual. Pero esta fórmula no hace más que plantear bajo su otra faz el problema de la hegemonía del proletariado.

Los promotores de la idea de la hegemonía del proletariado en la revolución rusa son Plejánov y Lenin. Plejánov, que había entrado en la carrera política antes que Lenin, fue el primero que proclamó teóricamente esta idea; pero la traicionó en los momentos más importantes de la historia política de Rusia, en tanto que Lenin, durante treinta años, le permaneció fiel, no cesó de defenderla en las horas más penosas y le dio cuerpo en la creación de un partido proletario.

En el primer Congreso de la Segunda Internacional, en París, en 1889, Plejánov, que era entonces el jefe indiscutido de los marxistas revolucionarios rusos, declaró: «La revolución rusa vencerá como revolución de la clase obrera, o bien no vencerá.»

Es ésta una de las fórmulas políticas más lapidarias de la idea de la hegemonía del proletariado. En nuestros días puede parecer vulgar. ¿Cuál es el revolucionario consciente que no comprende que sólo la clase obrera podía ser la fuerza principal capaz de hacer la revolución?

Pero en 1889 no había partido proletario, la clase obrera estaba aún en ciernes, y el primer plano del movimiento revolucionario estaba ocupado por los *naródniki,* uno de cuyos representantes más autorizados, Mijailovsky, se regocijaba de que no hubiera movimiento obrero en Rusia, y declaraba que no lo habría jamás, al menos en la misma forma que en Europa occidental.

Así, pues, las palabras de Plejánov eran una revelación, no solamente para el socialismo internacional, sino también para el movimiento obrero ruso de entonces. Y si, en cierto sentido, Marx y Engels han descubierto la clase obrera en Europa, Plejánov la ha descubierto en Rusia. Evidentemente, no hay que tomar esto al pie de la letra, Marx no ha inventado la clase obrera, que ha nacido en Europa en el curso de la sustitución del feudalismo por el capitalismo. Pero, desde 1847, cuando estaba aún en un estado embrionario, Marx ha previsto y ha puesto de relieve su misión histórica en la emancipación de los pueblos, en la revolución mundial. Del mismo modo, Plejánov, en Rusia, en 1889, demostró que la clase obrera rusa naciente sería la clase directora, que le correspondería la hegemonía y empuñaría la palanca de la revolución.

POLÉMICA ENTRE PLEJÁNOV Y TIJOMÍROV
SOBRE LA HEGEMONÍA DEL PROLETARIADO

Plejánov expuso igualmente el punto de vista de los marxistas, bajo otra forma, en su polémica con L. Tijomírov, escritor brillante, miembro del Comité ejecutivo y principal representante de Naródnaya Volia, que, más tarde, pasó al servicio del zarismo y fue el colaborador de Ménshikov, uno de los peores reaccionarios que hayan existido.

He aquí en qué circunstancias Plejánov tuvo que contender con él. Cuando los *naródniki* vieron que, a pesar de sus predicciones, comenzaban a aparecer los obreros en las ciudades, particularmente en San Petersburgo; que eran muy accesibles para la propaganda revolucionaria, y que era necesario contar con ellos, Tijomírov hizo una especie de concesión. Nosotros, miembros de Naródnaya Volia —dijo—, consentimos en realizar igualmente la propaganda entre los obreros, que, no lo negamos, son *muy importantes para la revolución.*

Plejánov se apoderó de esta fórmula y la volvió contra su adversario. En un artículo brillante asestó a los *naródniki* golpes contundentes. El hecho mismo de hablar de la utilidad de los obreros *para* la revolución, les dijo en sustancia, prueba que no comprendéis la misión histórica de la clase obrera. Es preciso decir, por el contrario, que *es la revolución lo que es importante para los obreros*. Razonáis como si el hombre estuviera hecho para el domingo, y no el domingo para el hombre. Por nuestra parte, afirmamos que la clase obrera es la clase directora de la lucha; que sólo ella logrará derribar el orden capitalista, uniendo en torno suyo a los campesinos y, en general, a todos los elementos de oposición. Considerándola como un accesorio, demostráis que sois absolutamente incapaces de comprender su papel director.

Como se ve, Plejánov fue uno de los primeros en formular en Rusia la idea de la hegemonía del proletariado. Y, al sostener más tarde a los mencheviques, no hizo más que oscurecer su glorioso pasado de revolucionario, que se refleja en tantas páginas brillantes de la literatura rusa.

Lenin y la idea de la hegemonía del proletariado

Lenin comparte con Plejánov el honor de haber sido el promotor de la idea de la hegemonía del proletariado, idea que supo mantener hasta nuestros días, en el curso de treinta años de lucha, en situaciones de una complejidad y de una dificultad inauditas. La formuló por primera vez en 1894, en su obra *Lo que son los «Amigos del Pueblo» y cómo combaten a los socialdemócratas*. (No hay que olvidar que en esta época nos llamábamos todos socialdemócratas.) Esta obra, que no pudo ser publicada en su tiempo, y que no ha aparecido hasta 1923, es bastante voluminosa. Lenin analiza en ella los errores de los *naródniki* y demuestra que la clase obrera será la clase libertadora, directora, la fuerza principal y el resorte esencial de la revolución.

Cuando —dice— sus representantes avanzados (los de la clase obrera) se hayan asimilado la idea del socialismo científico, la idea de la misión histórica del obrero ruso; cuando esas ideas hayan adquirido una amplia difusión y los obreros hayan creado organizaciones sólidas, transformando su lucha económica dispersa en una lucha de clases consciente, el obrero ruso, tomando la dirección de todos los elementos democráticos, derribará el absolutismo y llevará al proletariado ruso (al lado del proletariado de todos los países), por la vía directa de la lucha política abierta, a la revolución comunista victoriosa.

No es posible sustraerse a cierta sorpresa, al leer esas palabras escritas en 1894. En ellas se encuentra lo esencial de nuestras ideas actuales, y hasta la manera de expresarlas. Como veremos, Lenin, en todas las circunstancias, durante treinta años, ha defendido esta idea de la hegemonía del proletariado. El decorado político ha podido cambiar, pero la concepción del papel del proletariado en la revolución venidera ha permanecido invariable en Lenin y en los bolcheviques.

EL MARXISMO LEGAL

Es preciso decir, sin embargo, que, como el movimiento de los *naródniki,* el marxismo de entonces contenía dos corrientes.

Hacia 1895, en tanto que el movimiento obrero y la lucha política se desarrollan, aparece en Rusia una corriente que se califica de marxismo legal. El marxismo legal es, pues, doce años posterior al marxismo ilegal, el cual remonta a la fundación del Grupo de la Emancipación del Trabajo.

El marxismo legal ortodoxo está expuesto en los trabajos que Plejánov y Lenin tuvieron la posibilidad de publicar legalmente en Rusia, haciendo ciertas concesiones a la censura zarista, desde luego solamente en lo que concierne a la forma, y no al fondo. Pero hay otro marxismo legal, que se encuentra en las obras de Tugán-Baranovski, Struve y consortes, que, como no tardó en verse, falsificaban en realidad el marxismo, es decir, desarrollaban ideas que no tenían de marxistas más que el nombre.

Plejánov y Lenin, evidentemente, no podían ser calificados de «marxistas legales» más que convencionalmente, pues toda su actividad, en esta época, se desarrollaba en la ilegalidad. Revolucionarios irreductibles, supieron, a pesar de la censura soviética, defender los principios del marxismo en el terreno legal. No fueron jamás revolucionarios legales del género de Struve y Tugán-Baranovski.

Así, pues, el marxismo legal de esta época comprende dos tendencias esenciales: una, representada principalmente por Struve y Tugán-Baranovski, y otra, por Lenin y Plejánov. La primera de estas tendencias se expresa en las *Observaciones críticas,* de Struve (1894), y la segunda, en la obra de Lenin; *Lo que son los «Amigos del Pueblo» y cómo combaten a los socialdemócratas.* (Esta obra, inédita entonces, fue, sin embargo, copiada y difundida entre los marxistas y los primeros obreros revolucionarios, sobre los cuales ejerció gran influencia.)

Struve era, en esa época, un joven escritor que inspiraba muchas esperanzas; se declaraba marxista, combatía a Mijailovsky y se consideraba como miembro de nuestro partido, para cuyo primer Congreso compuso incluso, en 1898, un manifiesto. En una palabra, era un marxista de primer plano. Pero no tardó en evolucionar. Pasó a ser, antes de 1905, redactor de *Osvobojdenie*, revista ilegal de tendencia burguesa liberal que aparecía en Stuttgart. Después fue uno de los líderes de la derecha del partido kadete. Más tarde se hizo monárquico y reaccionario, y glorificó el régimen Stolypin. Después de la revolución de febrero tomó plaza en la extrema derecha del partido kadete y desempeñó, a continuación, un papel importante entre la emigración blanca, en los Gobiernos de Denikin, Wrangel y otros. Ahora, es, en el extranjero, uno de los ideólogos más significados de la contrarrevolución. Como se ve, la metamorfosis es completa.

En mi relato, desde luego, tendré que hablar de numerosas personalidades que han evolucionado de la izquierda del movimiento revolucionario a la derecha de la contrarrevolución. Además de Struve y Chaikovski, bastará mencionar a Tijomírov, que, de Naródnaya Volia, rodó hasta el monarquismo: a Aleksinsky, que, después de haber defendido el bolchevismo, va ahora del brazo con los guardias blancos; a Brechkovskaia, que, después de haber pertenecido a la izquierda de los *naródniki* revolucionarios, termina sus días en el cortejo de la contrarrevolución burguesa.

Estas metamorfosis no son fortuitas. En este periodo caótico de doce años (1905-1917), marcado por tres grandes revoluciones, era inevitable que diversas personalidades cambiasen de arriba abajo. Bajo la opresión formidable del zarismo, los grupos y los partidos políticos tenían las mayores dificultades para constituirse. La diferenciación política se efectuaba difícilmente. Parecía, a veces, que se podía hacer el frente único de todos contra el zarismo. En esas condiciones, ciertos hombres debían estimar fatalmente que su plaza estaba donde en realidad no estaba, caer por azar en un partido y, en el momento decisivo, pasar a otro. Es lo que ocurrió con numerosos representantes del marxismo legal, que, más tarde, se convirtieron en los teorizantes y los jefes de la contrarrevolución en Rusia.

Las «observaciones críticas», de Struve

Las *Observaciones críticas* iban enteramente dirigidas contra los *naródniki*. Struve estudiaba en ellas la cuestión del advenimiento del capitalismo en Rusia. Tenía razón cuando decía a los *naródniki*: Soñáis con un desenvolvimiento especial de Rusia, con un pequeño propietario económicamente independiente; ¡ilusión! Quitaos, pues, los lentes y mirad: Rusia va hacia adelante; se levantan fábricas, aparece un proletariado industrial urbano. El capitalismo es inevitable en Rusia.

En este punto, Struve, como, desde luego, Tugán-Baranovski, coincidía con Lenin y Plejánov. Se trataba entonces, en efecto, de demostrar que iba a constituirse una clase obrera, que el capitalismo estaba en marcha y que representaba un factor de progreso. Nosotros, marxistas, hemos dicho esto siempre, y continuamos afirmando que el capitalismo representa un progreso sobre el feudalismo y la servidumbre. Aplasta a los trabajadores, los explota y, en cierto sentido, los mutila. Pero construye poderosas fábricas, electrifica regiones enteras, activa la industria rural, establece vías de comunicación, destruye el muro de la servidumbre. Por este lado es un instrumento de progreso.

Los marxistas revolucionarios tenían una doble tarea: de una parte, liquidar a los *naródniki,* que pretendían que no se implantaría el capitalismo en Rusia, que desde luego constituía una verdadera calamidad y que había que huir de él como de la peste; por otra parte, comenzar a organizar a la clase obrera naciente y a formar un partido obrero.

Y Struve realizaba muy bien la primera tarea, pero olvidaba completamente la segunda. Demostraba perentoriamente que el capitalismo era inevitable, que existía ya y que, en cierto sentido, constituía un progreso; pero no hablaba de nuestra tarea fundamental, que era comenzar a organizar a los obreros; formar, bajo el zarismo, un partido obrero y prepararlo para las luchas, no solamente contra el zar, sino también contra la burguesía. Su libro terminaba por una frase significativa: «Por eso reconocemos nuestra falta de cultura y vamos a la escuela del capitalismo.»

Es interesante comparar esta conclusión con la del libro de Lenin: *Lo que son los «Amigos del Pueblo» y cómo combaten a los socialdemócratas.* Lenin atacaba también a los *naródniki,* anunciaba el advenimiento del capitalismo, etapa necesaria antes del triunfo de la clase obrera; pero, al mismo tiempo, predecía que los obreros rusos comprenderían el papel director de su clase, arrastrarían tras de ellos a los campesinos y llevarían a Rusia a la revolución comunista.

Esta era, en esta época, la diferencia entre Lenin y Struve.

Tan fuerte era entonces la opresión del zarismo, que llevaba a la socialdemocracia a hombres como Struve, y que gentes radicalmente diferentes se consideraban como aliados y se encontraban, en cierto modo, en el mismo campo. Unos decían: «¡Vamos a la escuela del capitalismo!», otros: «¡Sublevaremos a la clase obrera, llamada a dirigir la lucha, y llevaremos a Rusia a la revolución comunista!» Y, sin embargo, todos iban juntos, en una sola falange, y hacían el frente único contra los *naródniki*. Lo repito: esto era inevitable, en tanto que el zarismo era el enemigo principal, y este estado de cosas tuvo una influencia considerable en el desenvolvimiento de nuestro partido hasta 1905.

PLEJÁNOV, TEORIZANTE, Y LENIN, POLÍTICO ACTIVO

De las otras producciones literarias, conviene mencionar el libro de Plejánov (Beltov): *Del desarrollo del punto de vista monista sobre la historia*. En esta obra, publicada en 1895, y donde se muestra particularmente brillante, Plejánov daba la batalla a los *naródniki* en el terreno filosófico, y tomaba la defensa del materialismo. Muchos de nuestros profesores contemporáneos, en lugar de criticar a Plejánov, con su presunción de semisabios, harían mucho mejor en *exponer* y *explicar* a la generación actual ese libro notable, del que se han alimentado generaciones enteras de marxistas, que han aprendido en él el materialismo militante. Teorizante por excelencia, director ideológico indiscutido del partido, e incluso de todos los intelectuales y obreros marxistas de la época, Plejánov se reveló más tarde mucho más débil como político. Y entre

Lenin, el más joven de los dos, y que apenas comenzaba a militar, y él se estableció, a partir de 1895, aproximadamente, una especie de división tácita del trabajo. Siendo su lado fuerte la teoría, Plejánov asumió la lucha filosófica, y, en este dominio, fue y seguirá siendo un maestro inigualado. El joven Lenin, por el contrario, desde el principio, aun interesándose por la teoría marxista, concentró especialmente su atención en las cuestiones políticas y sociales, en la organización del partido y de la clase obrera. Y así, esos dos hombres se completaron durante algún tiempo.

Es preciso recordar aún el libro de Lenin, escrito en el destierro: *El desenvolvimiento del capitalismo en Rusia*. Lenin se revela en él gran economista. Analiza las relaciones sociales en Rusia, y demuestra, con una claridad y una ciencia notables, el desenvolvimiento innegable del capitalismo en Rusia.

POLÉMICA ENTRE LENIN Y STRUVE

En el marxismo legal, como hemos dicho, se puede, desde el principio, notar dos direcciones. Lenin criticó las *Observaciones críticas* y otros escritos de Struve en la *Recopilación marxista*, que se ha quemado y no se ha publicado jamás. (Sin embargo, su artículo firmado «Tulin» figura en la colección de sus obras.) Aunque estuviere de acuerdo con Struve, Lenin fue uno de los primeros que se dio cuenta de que era aquél un compañero que no tenía nada de seguro. En esta época, en que se consideraba a Struve como uno de los más brillantes teorizantes del marxismo legal en Rusia, nadie se atrevía a contradecirle; sin embargo, Lenin lo hizo. Ya en su artículo publicado bajo la firma de «Tulin» reprochaba a Struve una falta muy grave. No apercibes, le decía en sustancia, más que un aspecto del fenómeno; ves que el capitalismo está en marcha, que zapa la comunidad campesina, la servidumbre, pero no ves que, en lugar de ir a su escuela, de lo que se trata para nosotros es de organizar desde ahora a la clase obrera, que sabrá destruir la autocracia y alzarse después contra la omnipotencia del capital.

En suma, el conflicto fundamental entre las dos corrientes del marxismo legal tenía su origen en la cuestión de la hegemonía del proletariado. Se trataba de saber si el proletariado, en tanto que clase, sería el director de la revolución, si combatiría hasta el triunfo de la clase obrera y la destrucción del capitalismo, o bien si se pondría a remolque de las otras fuerzas de oposición y se satisfaría con el derrumbamiento de la autocracia, es decir, con el establecimiento del régimen burgués.

Si se echa una ojeada a los otros países, se ve que en Alemania, por ejemplo, los partidos burgueses habían logrado ganar a gran número de obreros antes de que éstos hubiesen constituido su propio partido. Lassalle comenzó por libertar de la influencia de esos partidos a las primeras capas de proletarios que habían logrado conquistar, y las atrajo al partido obrero socialista. Lo que ha ocurrido en Alemania no es un hecho debido al azar. En todas partes, la burguesía ha adelantado al proletariado en el dominio de la organización política. En todas partes ha tenido antes que él sus partidos, sus ideólogos, su literatura y se ha esforzado por atraer a ella a una fracción de los trabajadores.

Lo mismo ha ocurrido en Rusia. Aunque la burguesía se haya constituido bastante tarde como fuerza política, los primeros círculos, los primeros revolucionarios obreros se sintieron arrastrados, no hacia los partidos obreros, sino hacia el partido de los *naródni-ki,* que, a pesar de todo, no era un partido proletario, Lenin tuvo, en cierta medida, que comenzar como lo había hecho Lassalle en Alemania. El decorado, cierto, era diferente; la lucha ideológica revestía otros aspectos; pero, en su esencia, la situación era por no pocos lados la misma. Había que conquistar, en primer lugar, los grupos aislados de obreros que se habían extraviado en el partido de los *naródniki,* y después ponerse a construir con ellos un partido obrero.

Así, pues, las dos tendencias del movimiento de los *naródniki* y las dos corrientes del marxismo legal representan la trama ideológica sobre la cual comienza a formarse en Rusia el partido obrero.

Pasemos ahora a nuestro tema, a la historia, propiamente dicha, de nuestro partido.

PERÍODO DE GESTACIÓN DEL PARTIDO

En *¿Qué hacer?,* Lenin escribía que el período que se extiende de 1884 a 1894 es, en cierto modo, el de la gestación de nuestro partido.

Ve (este período) nacer y tomar cuerpo la teoría y el programa de la socialdemocracia. La nueva tendencia sólo contaba, en Rusia, algunos adeptos. La socialdemocracia existía sin movimiento obrero; estaba, como partido político, en el período intrauterino. (Lenin, *¿Qué hacer?,* p. 203.)

Entonces aparecían los primeros círculos, sumamente inestables; el principio de las grandes luchas por la autonomía del partido obrero, la hegemonía del proletariado.

LA INFANCIA Y LA ADOLESCENCIA DEL PARTIDO

Puede considerarse el período 1894-1898 como la infancia y la adolescencia del partido, que se constituye ya a base de un movimiento obrero de masa.

La socialdemocracia —escribe Lenin— nace como movimiento social, como impulsión de las masas obreras, como partido político. Es el período de infancia y de adolescencia. Los intelectuales se entusiasman por la lucha contra los *naródniki*, y tratan de aproximarse a los obreros; una ola de huelgas recorre toda Rusia. El movimiento hace inmensos progresos. La mayor parte de los directores, jóvenes, estaban lejos de haber llegado a esa «edad de treinta y cinco años» que Mijailovsky consideraba como una especie de límite natural. Así, pues, no eran aptos para el trabajo práctico, y tuvieron que dejar rápidamente la escena... Muchos de ellos habían estado, al principio, bajo la influencia de los *narodovoltsi*. Casi todos, desde la adolescencia, se habían entusiasmado por los héroes del terror. Para sustraerse a la seducción de esta tradición heroica, les era necesario luchar, romper con hombres que querían a toda costa continuar fieles a Naródnaya Volia y a quienes estimaban altamente. Esta lucha les obligó a instruirse, a leer obras ilegales de todas tendencias... Formados en esta lucha, los socialdemócratas fueron al movimiento obrero sin olvidar la teoría marxista, que los había iluminado con su luz brillante, ni la tarea de derribar a la autocracia. (Lenin, *¿Qué hacer?*, pp. 203 y 204)

Durante este período, el número de huelgas aumenta rápidamente. De 1881 a 1886 no había habido más que 40 huelgas, en las cuales habían participado 80.000 obreros, en tanto que de 1895 a 1899 el movimiento huelguístico interesó a 450.000 obreros, o sea seis veces más que en el período precedente. En San Petersburgo, el movimiento huelguístico, bastante importante en 1878, se desarrolla considerablemente hacia 1884, y adquiere proporciones imponentes en 1895, año en que la huelga de la industria textil engloba hasta 30.000 obreros.

Primeros círculos obreros socialdemócratas en San Petersburgo

Favorecidos por estos movimientos, comienzan a aparecer *círculos socialdemócratas*. El primero fue fundado en 1887 por el búlgaro Blagoiev, estudiante en San Petersburgo, con la colaboración de Gucrassimov y Jaritonov. Este Círculo no desempeñó un papel menor que la Unión Obrera del Norte de Rusia, de Jalturin. (Blagoiev, uno de los fundadores de la Tercera Internacional y uno de los jefes del partido comunista búlgaro, ha muerto en 1924.)

La Unión de Lucha por la Emancipación de la Clase Obrera

El año 1895 fue particularmente rico en acontecimientos. Además de la aparición de una serie de obras, que determinaron las bases del futuro partido obrero, vio la creación, en San Petersburgo, de una Unión de Lucha por la Emancipación de la Clase Obrera,[1] Unión que fue realmente el primer Comité regional de nuestro partido. A continuación se fundaron uniones análogas en una serie de ciudades: en

---

1 Esta organización se llamó así a partir de la detención del grupo de los decembristas, en diciembre de 1895.

1885, en Ivánovo-Voznesensk; en 1895, en Moscú. Estas fueron las primeras grandes organizaciones socialdemócratas, las primeras piedras del edificio de nuestro partido.

La Unión de San Petersburgo contó en sus filas a más de un hombre notable, y, entre otros, al mismo Lenin, que la organizó. Entre sus principales miembros citaremos, según N. Krupskaia: V. I. Lenin, G. Krzyzanovski (que está ahora a la cabeza del *Gosplan* y trabaja en la electrificación de la URSS), Starkov, Zaporogetz, Vanieev, Martov (más tarde jefe de los mencheviques, muerto en 1923), Liajovski, Silvin, Iakubova, las hermanas Nevzorova (Zenaida y Sofía), N. Krupskaia, S. Radchenko y Hofmann. El obrero Chelgunov, de la fábrica Obujovo (que vive aún, pero, desgraciadamente, ciego), así como I. Babuchkin, obrero de la fundición Alexandrovo (fusilado en 1905, en Siberia, por un destacamento de Rennenkampf), no pertenecían oficialmente a la Unión petersburguesa de Lucha por la Emancipación de la Clase Obrera, pero se encontraban en contacto más o menos estrecho con ella. Igual ocurría con el obrero de la fábrica Putilov, B. Zinóviev, cuya suerte, desgraciadamente, ignoramos. I Babuchkin fue uno de los primeros obreros bolcheviques; Lenin sentía por él una afección particular y le consideraba como uno de los representantes más inteligentes de la primera generación de obreros marxistas.

LOS CÍRCULOS OBREROS SOCIALDEMÓCRATAS DE PROVINCIAS

Aproximadamente, en la misma época comenzaron a funcionar en toda Rusia innumerables círculos, que trataban de unirse, y que en muchas ciudades tenían una influencia considerable. Se encuentra en la obra de Martov (que tenía una memoria extraordinaria para los nombres) una larga enumeración de directores de los círculos de entonces. Citemos, entre otros, a: L. Krassin, en San Petersburgo (miembro del Comité central del partido, trabaja actualmente en el Comisariado del Comercio Exterior); Fedossieev, en Vladimir; Melnitsky, en Kiev; Alabychev, en Rostov del Don; Goldenbach (Riazanov), Steklov y Tsyperovitch, en Odessa; Zramer,

Eisenstadt y Kossovsky, en Vilna; Jintchuk, en Tula. Jintchuk, uno de los fundadores de nuestro partido, se adhirió más tarde a los mencheviques; fue miembro de su Comité central y primer presidente del Soviet menchevista de Moscú, y después volvió a nuestras filas. Actualmente dirige la cooperación. Kramer, Eisenstadt y Kossovsky fueron los fundadores del Bund.

EL BUND

Hoy, la palabra *bund* es muy poco conocida de los obreros de nuestras grandes ciudades. Pero hubo un tiempo en que era muy popular en los medios revolucionarios. *Bund* significa, en yiddish, unión. El Bund fue la unión de los obreros judíos de Polonia y de Lituania. Fundóse en 1897, un año antes del primer Congreso de nuestro partido. Hay que buscar su origen en un fuerte movimiento que se manifestó entre los artesanos judíos de Polonia y de Lituania, y que, por razones particulares, se adelantó en algunos años al movimiento obrero de Petersburgo y de Moscú. Los obreros y artesanos judíos de Polonia sufrían entonces el doble yugo de la explotación económica capitalista y de la opresión nacional. Así, pues, sé hicieron revolucionarios, y supieron, antes que los otros, constituir una organización de masas, una Unión, que recibió el nombre de Bund.

De esta organización obrera han salido héroes como el obrero judío Lekert, que mató al prefecto de policía de Vilna, Von Wahl, y toda una serie de militantes del movimiento obrero judío, que colaboraron en la organización de nuestro partido y que son actualmente miembros de él.

Fundado, como he dicho, en 1897, el Bund fue durante cierto tiempo la organización más numerosa y más poderosa de nuestro partido. Pero, a continuación, cuando nuestros grandes centros obreros —San Petersburgo, Moscú, Ivánovo-Voznesensk, Oriejovo-Zuyevo— se despertaron a la vida política, cuando el proletariado ruso, hasta sus capas más profundas, comenzó a manifestar su actividad, el pequeño destacamento de obreros judíos pasó a segundo plano. En todo caso, de 1895 a 1900, el movimiento de los obreros judíos fue muy importante, y el Bund desempeñó un gran papel en el partido. Fue, notablemente, el primer organizador de nuestro primer Congreso, que, como es sabido, se celebró en 1898, en Minsk, en la zona del Imperio reservada a los judíos. Viendo que los obreros y los artesanos judíos estaban a la vanguardia del movimiento revolucionario, la Prensa ultrarreaccionaria desencadenó contra ellos una violenta campaña, y durante largos años no cesó de representar el movimiento revolucionario, ruso como obra de los judíos.

Ahora, que nos hemos convertido en una poderosa organización, debemos un recuerdo reconocido a esos obreros y artesanos judíos, que fueron los primeros en lanzarse al combate y nos ayudaron a colocar los cimientos de nuestro partido.

PRIMER CONGRESO DEL PARTIDO

Las organizaciones locales fundamentales del partido en esta época eran, como hemos dicho, las Uniones de Lucha por la Emancipación de la Clase Obrera, existentes en San Petersburgo, Moscú, Ivánovo-Voznesensk, Kiev y en otras varias ciudades. El primer Congreso de nuestro partido reunió nueve delegados, reclutados entre los representantes de esas uniones, del Bund y de grupos aislados que publicaban periódicos obreros. La *Gaceta Obrera* estaba representada por Eidelmann y Vigdorchik (el primero es ahora bolchevique; el segundo, no hace aún mucho tiempo era menchevique); la Unión de San Petersburgo, por Radchenko, muerto en 1912, y cuyo hermano milita en nuestro partido; la Unión de Kiev, por Tutchapsky; la Unión de Moscú, por Vannovski; la de Yekaterinoslav, por Petrussevich; el Bund, por Mutnik, Kramer y Kossovsky (estos dos últimos, a quienes he conocido personalmente, son ahora rabiosos mencheviques de derecha).

Esta era la composición del primer Congreso, que se esforzó por constituir el partido, y, a este efecto, eligió un Comité central, designó la Redacción del órgano central y publicó un llamamiento,[1] compuesto, como ya he dicho, por P. Struve. Me limitaré a reproducir dos extractos de él.

Analizando la situación internacional, con ocasión del cincuentenario de la revolución de 1848, Struve escribía:

[1] Se encontrará el texto de este llamamiento en el Apéndice a la presente obra.

Hace cincuenta años, las olas de la revolución de 1848 inundaban Europa. Por primera vez apareció la clase obrera como una gran fuerza histórica. Gracias a ella, la burguesía logró abolir numerosas supervivencias feudales.

Pero pronto reconoció en su nuevo aliado a su enemigo más encarnizado, y se arrojó en brazos de la reacción, entregándola, a la vez, el proletariado y la causa de la libertad. Pero ya era demasiado tarde: la clase obrera, debilitada por algún tiempo, reaparecía en la escena histórica una docena de años después, esta vez más consciente y más fuerte, y presta a luchar por su emancipación total.

Más lejos, describiendo la traición de la burguesía internacional y el papel de la burguesía rusa, Struve decía:

> A medida que se avanza hacia el Este de Europa (y Rusia está al Este), la debilidad, la poltronería y la cobardía políticas de la burguesía, así como la necesidad para el proletariado de resolver él mismo las cuestiones culturales y políticas, aparecen cada vez más claramente.

Se le pueden perdonar no pocas cosas a Piotr Struve por estas líneas proféticas, que, como se ha visto después, se aplicaban a él mismo, a su clase. Sí, cuanto más se va hacia el Este, más débil, miedosa y cobarde es, desde el punto de vista político, la burguesía. Nadie ha demostrado esto más claramente que Struve.

El «economicismo»

Hacia 1898, dos corrientes comienzan a dibujarse, no solamente en la literatura, sino en el movimiento obrero, en el mismo partido socialdemócrata, que, por otra parte, no estaba aún completamente formado. Una de esas corrientes recibió el nombre de *economicismo*. El conflicto que puso frente a frente a los economistas y a los partidarios de la lucha política, que eran los marxistas revolucionarios, se reduce esencialmente, también, a una divergencia sobre el papel, sobre la hegemonía del proletariado en la revolución. Desde hace treinta años, esta cuestión, en situaciones diferentes y bajo formas diversas, es como la piedra de toque de los revolucionarios. En 1917 colocó a un lado de la barricada a los mencheviques, y a nosotros al otro. En 1895 no suscitó más que una polémica literaria; pero en 1898-1899 ya fue causa de una lucha violenta en el partido. Entre los economistas y los representantes de la derecha del marxismo legal, futuros fundadores del partido menchevique, existía una relación ideológica innegable. Todo se encadena lógicamente: de la derecha del marxismo legal se pasa, naturalmente, por el economicismo, al menchevismo, después al liquidacionismo, más tarde al socialnacionalismo y, en fin, a la reacción abierta. No es posible equivocarse impunemente en la cuestión de la hegemonía del proletariado. El primer paso en falso provoca fatalmente la caída hasta el abismo. El economicismo apareció hacia 1895, cuando la socialdemocracia comenzó a pasar de la acción de círculo a la agitación, al trabajo entre las masas. Hubo un tiempo en que el partido, aún en estado embrionario, se componía de círculos aislados y poco importantes de propagandistas. Pero, cuando el movimiento comenzó a desarrollarse y las huelgas se extendieron por toda Rusia, los revolucionarios comprendieron que tenían tareas más vastas, que no podían limitarse a la propaganda en círculos cerrados, que les era necesario trabajar entre las masas y esforzarse, no solamente en reunir a obreros aislados, sino en organizar a la clase obrera. En este momento fue cuando nació el economicismo.

Desde que se comenzó a organizar a las masas de trabajadores, la lucha económica, las cuestiones que afectaban inmediatamente a la existencia de los obreros, tomaron, naturalmente, una importancia considerable. La propaganda a que se limitaban los círculos tuvo que ceder la plaza a la agitación, condición necesaria del trabajo entre las masas.

Observemos, a este respecto, que entre «agitación» y «propaganda» hay una diferencia esencial. Plejánov la ha comprendido muy bien. «Dar muchas ideas a un pequeño número de individuos —decía— es hacer propaganda; dar una sola idea a gran número de personas es hacer agitación.» Esta definición es ya clásica.

Distingue exactamente la agitación de la propaganda.

En los círculos se hacía propaganda: se desarrollaba una multitud de ideas, toda una filosofía, ante algunas personas. Cuando vino el período de la agitación hubo que esforzarse, por el contrario, en inculcar a numerosos trabajadores una sola idea fundamental: la de la dependencia económica de la clase obrera.

Así, pues, la cuestión económica adquirió una importancia considerable. Lenin consagró una de sus primeras obras a las multas[1] que se infligían entonces, con cualquier pretexto, a los obreros y obreras de Petersburgo. Esas multas, esas retenciones exasperaban a los obreros, a los cuales privaban de la quinta parte, y a veces de la cuarta parte, de sus salarios. Así,

---

1 Este trabajo, publicado en folleto, se titula: *De las multas.*

pues, para interesar a las masas, hablar de las multas era un excelente medio. No fue sin razón, tampoco, por lo que las primeras hojas volantes de la Unión de Lucha por la Emancipación de la Clase Obrera, escritas por Lenin (en parte durante su detención preventiva, en parte cuando estaba en libertad), fueron consagradas a la cuestión del agua caliente para el té o a otras reivindicaciones que concernían directamente a la vida de la fábrica. En ese tiempo, la mayor parte de los obreros que venían del campo eran completamente analfabetos, y no pensaban ni en protestar ni en organizarse contra los patronos. Para interesarlos, para sacarlos de su letargo, era absolutamente necesario hablarles de cuestiones simples, elementales. Por eso los marxistas se consagraban tanto entonces a los problemas económicos.

Pero se produjo, a este respecto, una desviación, como se observa frecuentemente en el desenvolvimiento de los partidos. Bien que subrayasen muy justamente la importancia del factor económico, aquellos militantes que, de hecho, no eran para nosotros más que compañeros temporales, los futuros mencheviques, deformaron la idea del economicismo. Los obreros, según ellos, no debían interesarse más que por las cuestiones puramente económicas. Todo lo demás no les importaba, no lo comprendían, y no había que hablarles más que de lo que les interesaba directamente, es decir, de sus reivindicaciones económicas.

Evidentemente, más tarde, cuando el movimiento hubiera alcanzado un grado más elevado, se les podría hablar abiertamente del derrumbamiento del zarismo. Pero, por el momento, no se estaba aún más que en el estadio económico. De ahí vino la «teoría de los estadios» de los economistas, así como la misma palabra «economista». Se comenzó a llamar así, no a los especialistas de la ciencia económica, sino a los que afirmaban que con los obreros no había que hablar más que del agua caliente para el té, de las multas, etc. Los economistas más consecuentes llegaron incluso a negar la necesidad de la lucha contra la autocracia. El obrero —decían— no comprenderá; no haremos más que asustarlo, si venimos a él, en este momento, gritando: «¡Abajo la autocracia!» Desenvolviendo su punto de vista y profundizando en él, llegaron a preconizar una división del trabajo, según la cual la burguesía liberal debía ocuparse de la política, y los obreros, de la lucha por las mejoras económicas.

LOS REPRESENTANTES DEL ECONOMICISMO

Entre los directores de esta tendencia citaré a Prokopóvich y Kuskova, adheridos entonces a la socialdemocracia y colaboradores de la Prensa marxista legal. (Como Struve, muchos intelectuales radicales, que formaron más tarde un partido burgués, pertenecían en ese tiempo a la socialdemocracia, o gravitaban en torno a ella, tratando de hacerse pasar por representantes de la clase obrera.) Prokopóvich y Kuskova sostenían que no les convenía a los obreros intervenir en la política, que eso era asunto de los liberales y de la oposición burguesa. Los obreros, según ellos, debían limitarse a las reivindicaciones económicas (aumento de los salarios, reducción de la jornada de trabajo, etc.). En su lucha contra Plejánov y Lenin, Prokopóvich y Kuskova se pretendían los verdaderos amigos de los obreros y los representantes de la verdadera política de clase. Los verdaderos amigos de los obreros —decían ellos— somos nosotros, los economistas.

Pensáis en el derrumbamiento del zarismo, en la lucha política revolucionaria. Ese no es un asunto que interese a los obreros. Queréis imponer a los obreros tareas burguesas democráticas. Nosotros, por el contrario, les decimos: «Por el momento, tenéis cosas más importantes que hacer que ocuparos de política; pensad, más bien, en vuestra agua caliente, en vuestro salario, en vuestra jornada de trabajo.»

En suma, los economistas sinceros, aunque profundamente abnegados por la clase obrera, desconocían totalmente su papel director. Los ideólogos, como Kuskova, Prokopóvich y consortes, no eran más que demócratas burgueses, disfrazados de socialistas, de amigos de la clase obrera.

La política de los iskristas, adversarios del economicismo, no consistía, ni mucho menos, en dejar de lado las cuestiones de salarios y de jornada de trabajo. Lenin y la Unión de Lucha por la Emancipación de la Clase Obrera querían elevar los salarios y mejorar la suerte de los obreros. Pero sus reivindicaciones no se detenían ahí. Querían que el obrero dirigiese el Estado, que fuera el dueño. No hay cuestión —decían— que no interese a la clase obrera. El problema de la autocracia zarista, en particular, la afecta directamente. Pero somos partidarios —agregaban— de la hegemonía del proletariado, y no permitiremos que se mantenga a los obreros en la cloaca de las pequeñas reivindicaciones económicas. Así hablaban los adversarios de los economistas.

Prokopóvich y Kuskova estaban sostenidos en Rusia por algunos grupos, y notablemente por el de *Rabotchaia Muisl,* periódico ilegal que apareció en 1896, en San Petersburgo, bajo la dirección de Tajtariev, investigador histórico sobre el movimiento obrero. *Rabotchaia Muisl* ejercía entonces gran influencia en los círculos petersburgueses. Con la colaboración de Lojov-Oljin y del finlandés Kok defendía enérgicamente el punto de vista de Prokopóvich y de Kuskova.

Plejánov fue el primero que emprendió la batalla contra el economicismo. En un opúsculo titulado *Vade-mecum* atacó vigorosamente las ideas de Prokopóvich y de Kuskova y asestó golpes muy duros a *Rabotchaia Muisl.* Demostró que los que querían limitar la acción de los obreros al dominio económico e impedir que el proletariado se ocupase de política no eran jefes obreros.

Lenin se alzó también contra los economistas. Desde una aldea perdida de Siberia (Iermakovskoie), donde estaba entonces desterrado, les dirigió una respuesta notable, que había sometido previamente a una Asamblea de deportados políticos, que la habían aprobado y firmado. Se puede observar, a este respecto, que, al contrario que Plejánov, Lenin trataba siempre de obrar colectivamente y de dar a sus intervenciones un carácter organizado. Su réplica pasó por todos los círculos obreros. Editada en un folleto, bajo el título *Los problemas de la socialdemocracia rusa,* apareció en el extranjero, con un prefacio de Axelrod, que ha pasado hoy al menchevismo, pero que, hace veinte años, no encontraba bastantes elogios para la perspicacia de Lenin. En su obra, éste planteaba claramente la cuestión de la hegemonía del proletariado y daba la batalla en toda la línea a los economistas, adversarios de esta idea.

Los economistas fueron definitivamente batidos hacia 1902. Pero entre 1898 y 1901 dominaron los espíritus. Su doctrina hizo correr entonces un grandísimo peligro al movimiento obrero, pues era sumamente seductora para los proletarios, inexpertos, a quienes hubiera podido fácilmente desviar. Y si

Plejánov y Lenin no la hubieran combatido vigorosamente, el movimiento obrero habría estado acaso, durante largos años, bajo la influencia del economicismo, es decir, del oportunismo.

El centro del economicismo
en el extranjero

Vemos, por el ejemplo del marxismo legal e ilegal (el economicismo era ilegal: perseguido por el zarismo, se veía obligado a publicar la mayor parte de sus periódicos y manifiestos en el extranjero), cómo se ejercía la influencia de la burguesía liberal, que frecuentemente lograba infiltrarse incluso en el partido obrero, y se esforzaba por introducir en él el oportunismo. Los liberales obraban unas veces en el terreno literario, como Struve (*Observaciones críticas*) o Tugán-Baranovski; otras, en el de la organización, por mediación de ciertos economistas que habían fundado en el extranjero la Unión de los socialdemócratas rusos y editaban *Rabotche Dielo*. En la redacción de este periódico, cuya difusión era considerable, colaboraban representantes eminentes del movimiento obrero, como Martinov (más tarde menchevique, recientemente adherido a los bolcheviques), Akimov-Majnovietz, Ivaninin y Kritchevsky. Haciéndose fuertes en el extranjero, habían creado un Centro de emigrados, lo que no les impedía tener en Rusia periódicos, círculos y comités ilegales. Trabajaban por impulsar el movimiento obrero hacia la derecha, hacia una política moderada, y en inculcar al obrero la sola preocupación de sus intereses económicos. Su ideología, poco complicada, presentaba un gran peligro: el obrero, según ellos, debía «estarse en su sitio», no ocuparse de política, consagrarse únicamente a mejorar su situación desde el punto de vista corporativo y dejar a los liberales hacer el resto. Se exponían esas ideas, evidentemente, en una forma hábil, y, desde luego, frecuentemente con sinceridad, pues hombres como Martinov, Teplov, Akimov-Majnovietz, e incluso Tajtariev, creían firmemente estar en lo cierto. El economicismo era, lo repita, sumamente peligroso, pues podía seducir a las masas inexpertas, que veían en él un remedio para su penosa situación material. Si hubiese logrado triunfar, la revolución hubiera sido, acaso, considerablemente retrasada, y el proletariado no habría podido desempeñar en ella un papel independiente.

El papel de la clase obrera según el economicismo y según el bolchevismo

Para desgracia suya, la autocracia no podía, incluso si hubiera comprendido la necesidad, prestar un vasto apoyo a la tendencia economista en el movimiento obrero. Le era imposible entonces al economicismo implantarse profundamente en Rusia. En efecto, el zarismo, la policía de los Romanov, no trataba con guante blanco a los huelguistas. Un fabricante cuyos obreros se declaraban en huelga, no tenía más que avisar por teléfono, e inmediatamente el Gobierno enviaba una compañía de cosacos o un batallón de Infantería para meter a los huelguistas en razón. El zarismo no podía obrar de otra manera. Así, pues, la relación entre la lucha económica y la lucha política era, no sólo inevitable, sino evidente para cada obrero huelguista.

Los economistas no reconocían el papel director del proletariado. ¿Qué es, pues, en vuestra opinión, la clase obrera? —nos decían—. ¿Un Mesías? No nos agradan estos términos de Mesías y mesianismo —respondíamos—, pero aceptamos el sentido que se les da. Sí, la clase obrera es un Mesías; su papel es mesiánico, pues es la clase que liberará al mundo entero. Los obreros no tienen nada que perder, más que sus cadenas; no poseen nada, venden su trabajo. Ellos solos están interesados en la reconstrucción de la sociedad sobre bases nuevas; ellos solos son capaces de arrastrar tras de sí a los campesinos contra la burguesía. Evitamos los términos, un poco místicos, de «Mesías» y de «mesianismo», a los cuales preferimos la expresión científica «hegemonía del proletariado». Por ella entendemos que el proletariado no se contenta con un aumento de salario o una reducción cualquiera de la jornada de trabajo, sino que proclama: «Yo soy el amo. Produzco riquezas para el capitalismo. Pero éste me ha creado para su pérdida. Trabajo para él hoy como un esclavo a quien alquila, pero llegará la hora en que los expropiadores serán expropiados, en que la clase obrera se apoderará del Poder.»

LA HEGEMONÍA DEL PROLETARIADO ES EL PODER A LOS SOVIETS

Hegemonía del proletariado significa actualmente dictadura del proletariado, llevando tras de sí a los campesinos, *poder a los Soviets*. Poder a la clase obrera es la deducción lógica de la idea de la hegemonía del proletariado. Esta fórmula se ha elaborado durante años, a través de innumerables pruebas, en el curso de una lucha encarnizada, no sólo contra la autocracia y los kadetes, no sólo contra la burguesía y los *naródniki,* sino, además, contra la derecha del marxismo legal, contra el economicismo y, en fin, contra el mismo menchevismo.

Por eso la doctrina de la hegemonía del proletariado es el fondo mismo del bolchevismo, uno de los elementos esenciales de su armazón. Y todo comunista consciente debe meditar sobre ella, si quiere comprender la historia de nuestro partido.

CAPÍTULO III

En este capítulo estudiaré el periodo que va de 1898 a 1903, es decir, del primero al segundo Congreso de nuestro partido, período que puede considerarse como el preludio de la revolución de 1905.

El movimiento estudiantil

He hablado hasta ahora de la formación de la clase obrera y de la constitución de su partido. Me detendré ahora en algunos otros fenómenos y, en primer lugar, en el movimiento que se desarrolló entre los estudiantes, que indicaré en grandes líneas.

Los desórdenes estudiantiles precedieron la aparición del movimiento obrero de masas, así como las grandes huelgas revolucionarias. Hacia 1895 se encuentran ya estudiantes marxistas. En esta época, el movimiento obrero cuenta con la simpatía no sólo de los estudiantes, sino de toda la sociedad liberal. En los primeros años del siglo XX, el gobierno zarista comienza a perseguir sistemáticamente a los estudiantes, que, en gran número, pasan entonces a la oposición, y después al partido socialista revolucionario. El movimiento estudiantil reviste entonces un carácter político muy franco y se eleva a un grado superior. Así, pues, como movimiento político organizado, no aparece hasta después del movimiento obrero, del cual es, por decirlo así, la repercusión, y cuya influencia sufre fuertemente.

Pero es justo decir que, a su vez, contribuyó poderosamente, durante cierto tiempo, al desarrollo del movimiento obrero.

El estudiante de hoy y el de antaño son completamente diferentes. Hubo un tiempo (de 1900 a 1905, sobre todo) en que estudiante era sinónimo de revolucionario. En esta época, en efecto, la mayor parte de los alumnos de los establecimientos de enseñanza superior eran partidarios de la revolución, o estaban al menos en la oposición, y sostenían el movimiento revolucionario de los obreros. Ahora nos cuesta trabajo creerlo, pues, durante los últimos años de guerra civil, hemos visto casi siempre al estudiante al otro lado de la barricada. En 1923, la situación es un poco diferente: se observa cierta evolución entre los estudiantes.

La evolución de los estudiantes

Una observación atenta nos demuestra que la evolución de los estudiantes se ha efectuado de acuerdo con la dialéctica de Hegel. En primer lugar, los estudiantes son, en su conjunto, revolucionarios y sostienen a los obreros; esta es 1a tesis. De 1917 a 1920, tenemos la antítesis: el movimiento estudiantil va dirigido contra la clase obrera y la revolución. Hoy, en fin, observamos la síntesis: una parte importante de los estudiantes parece comprender sus obligaciones hacia los trabajadores y se adhiere poco a poco a la revolución. Sin embargo, hay que guardarse de simplificar con exceso y recordar que también ha influido en el movimiento estudiantil toda una serie de factores.

La primera fase comprende los últimos años del siglo XIX y los primeros del XX. En masa, los estudiantes sostenían al movimiento obrero. La autocracia los consideraba, no sin razón, como sus más peligrosos enemigos, y, cuando pasaron de la teoría a la acción política, el gobierno zarista comenzó a adoptar medidas contra ellos.

El movimiento académico de entonces estaba impregnado del espíritu revolucionario. En la época de Vannovski y de Plehve, la reivindicación de la autonomía de la Universidad era una reivindicación revolucionaria, y, como tal, merecía ser sostenida. En nuestros días, la palabra «academismo» designa la oposición hipócrita de los profesores y de los estudiantes más o menos reaccionarios al Poder soviético, pero entonces el academismo era un movimiento dirigido contra la autocracia zarista.

Estrechamente ligada a los medios liberales y demócratas, la juventud estudiantil de entonces buscaba una fuerza capaz de destruir la autocracia. Y cada vez se daba más cuenta de que esta fuerza era el proletariado. Por eso sostenía al movimiento obrero.

LUCHA DEL ZARISMO CONTRA EL MOVIMIENTO DE LOS ESTUDIANTES

Viendo que los estudiantes se aproximaban a los obreros, el gobierno del zar emprendió contra ellos violentas represalias. La medida más estúpida que adoptó contra ellos fue enviar a los recalcitrantes como simples soldados al ejército. Se les detenía por decenas y hasta por centenares en las manifestaciones públicas o en los mítines. Esto no hizo más que echar aceite al fuego. El movimiento se extendió, creció, y, al mismo tiempo, los estudiantes enviados a los cuarteles, con su propaganda, encendieron el descontento en el ejército. Se desarrolló considerablemente el terrorismo, y hubo numerosos atentados. El estudiante Karpovitch hizo un disparo de revólver contra el ministro de Instrucción pública Bogoliepov; después fue Lagovsky quien trató de matar a Pobiedonostsev. Bogoliepov fue reemplazado por él general Vannovski, que se presentó con su programa de «cordial solicitud», del cual se rieron los estudiantes.

LOS ESTUDIANTES Y LOS SOCIALISTAS REVOLUCIONARIOS

Los estudiantes terroristas que se ligaron más tarde a los socialistas revolucionarios pertenecían entonces, en su mayor parte, al partido socialdemócrata. Por su táctica terrorista, los socialistas revolucionarios atrajeron a ellos dos grupos de estudiantes: de una parte, hombres de gran valor y de una absoluta sinceridad, como Balmachov, Karpovitch y Sazonov, que un ardor desmesurado y el deseo de suplir la insuficiencia del movimiento obrero de masas por la acción individual impulsaba al terrorismo, y, de otra parte, gentes como Savinkov, en quienes dominaba el gusto por las aventuras y que, inconscientemente o no, eran ya más o menos hostiles al movimiento obrero. (Savinkov se consideró durante cierto tiempo como socialdemócrata.)

LA ACTITUD DE LOS SOCIALDEMÓCRATAS CON RESPECTO AL MOVIMIENTO ESTUDIANTIL

Para la socialdemocracia se planteó entonces la cuestión de la actitud que debía observarse hacia el movimiento estudiantil. Los economistas debían naturalmente desinteresarse de ese movimiento, que, puramente político, no tenía, según ellos, nada de común con los problemas económicos inmediatos que habían de resolver los obreros. Pero los partidarios de la lucha política, la izquierda socialdemócrata revolucionaria, con Lenin y los futuros adeptos de *Iskra*, supieron apreciar toda su importancia.

Ciertamente, Lenin y sus amigos veían bien que el movimiento estudiantil no era proletario, que era un fenómeno temporal, y que llegaría un momento en que los estudiantes se alejarían de los obreros. Sabían que la mayor parte de los estudiantes eran de familia acomodada y que combatían no por el socialismo, sino por la libertad política y el establecimiento de la democracia burguesa. Pero estimaban que, para alcanzar su fin, la clase obrera, fuerza esencial de la revolución, debía hacer aliados suyos de todos los que estaban dispuestos a luchar contra la autocracia. Marxistas revolucionarios verdaderos, comprendían que es preciso saber sacar partido de todo. Los estudiantes estaban en contra del zarismo; había que utilizarlos, arrastrarlos tras de la clase obrera, guiarlos, dirigir sus golpes contra los baluartes de la autocracia.

LOS MARXISTAS REVOLUCIONARIOS Y LOS ESTUDIANTES

Así, pues, lejos de menospreciar a los estudiantes, los marxistas revolucionarios, los futuros bolcheviques, concedieron a su movimiento mucha atención. Es éste un hecho importante para comprender ciertas particularidades características del bolchevismo. En el período prerrevolucionario, se reprochaba frecuentemente a los bolcheviques el interés, considerado excesivo, que prestaban a los liberales y a la oposición burguesa: estudiantes, *zemstvos,* Unión de Lucha por la Emancipación de la Clase Obrera, etc. Los mencheviques explotaban nuestra actitud y se presentaban como los verdaderos amigos del proletariado. No tenemos nada que ver, decían, con las reivindicaciones de las Asambleas provinciales o de los estudiantes. Nuestra causa es puramente obrera, sólo el movimiento obrero nos interesa. Frecuentemente, acusaban a Lenin de aproximarse demasiado a la oposición burguesa, a los liberales, a los estudiantes, etc.

LA TÁCTICA DE LOS BOLCHEVIQUES CON RELACIÓN A LOS ESTUDIANTES

Pero si el bolchevismo, desde su nacimiento, se interesó por las menores manifestaciones de la oposición revolucionaria, dirigida contra el zarismo; si tendió la mano a cualquier grupo, con tal de que luchase contra la autocracia, no fue para adaptar su programa al de los liberales burgueses. En su táctica, permaneció fiel a sus principios. Enarbolando abiertamente su programa máximo (derrumbamiento de la burguesía), consideraba que, para realizarlo, era necesario, ante todo, derribar al zar y, a este efecto, utilizar toda corriente hostil a la autocracia. Por eso, atribuyendo a la clase obrera el papel director, los bolcheviques declaraban que los trabajadores, lejos de abandonar el movimiento de los estudiantes o de los liberales, impulsarían su desenvolvimiento. Esto no les impedía, desde luego, poner a los obreros en guardia contra sus aliados provisionales. ¡Cuidado!, decían: los estudiantes os sostienen hoy; los liberales atacan hoy al zar, Pero mañana, derribado el zar, se volverán contra vosotros, pues habrán obtenido todo lo que quieren: la libertad política.

Así, pues, el bolchevismo tenía que resolver un doble problema: de una parte, constituir un partido de clase para sostener la lucha hasta la victoria completa del socialismo; por otra parte, utilizar toda fuerza dirigida contra el zarismo, en particular a los estudiantes, los liberales y la oposición burguesa. De ahí, una diferencia de actitud, muy clara, hacia 1898, respecto a los estudiantes, entre los economistas (futuros mencheviques)[1] y los partidarios de la lucha política (futuros bolcheviques).

LA UNIÓN DE LIBERACIÓN Y LA UNIÓN DE LOS SOCIALISTAS REVOLUCIONARIOS

En ese momento, por otra parte, el movimiento liberal comenzaba a manifestarse igualmente en otros medios. La Unión de liberación estaba en vías de crearse. Sus jefes eran Miliukov, Kuskova. Struve, Prokopóvich, Bogutcharsky y otros hombres políticos que, al principio, pertenecían a la socialdemocracia, pero mantenían estrechas relaciones con los liberales. La Unión de los socialistas revolucionarios se constituyó en los últimos años del siglo XIX. En el primer período de su existencia, esos dos grupos atrajeron a ellos a una parte de los elementos que

---

1 Es cierto que todos los jefes de los mencheviques no habían sido antes economistas. P. Axelrod, Sassulitch, Martov, Potressov, Dan, D. Radchenko, Trotski y otros no pertenecían a los economistas. Pero, al separarse, en el segundo Congreso, del núcleo fundamental de los iskristas y emprender la vía del menchevismo, capitularon de hecho ante el economicismo, pues, ideológica y políticamente, el menchevismo no era otra cosa que la continuación del economicismo en una situación nueva.

hasta entonces habían simpatizado con la socialdemocracia.

Sin embargo, el movimiento obrero crecía bastante rápidamente. Aumentaba el número de huelgas.
A partir de 1895, aproximadamente, se comenzó, en
una serie de ciudades, a festejar el 1.º de mayo, y la
celebración de esta jornada del trabajador tomó cada
año más extensión. El movimiento se desarrollaba,
en suma, contra los economistas, que se arrastraban
penosamente a su remolque y representaban la reta-
guardia, los rezagados. No sin razón Lenin, en *¿Qué
hacer?*, los ha llamado seguidores, y Plejánov, en su
Vademecum, ha dicho que no veían más que el trasero
del movimiento obrero.

EFERVESCENCIA OBRERA EN PETERSBURGO Y EN OTRAS CIUDADES

Una vez comenzado, el movimiento obrero se desarrolló rápidamente, arrastrando a masas cada vez
más considerables. El año 1901 fue particularmente
tormentoso, sobre todo en San Petersburgo, donde
la efervescencia revolucionaria, a pesar de los economistas y de su programa, crecía de día en día. Con
ocasión del 1.º de mayo, estallaron violentos motines
en la barriada de Viborg, donde hubo colisiones san-
grientas e incluso verdaderos combates en las calles.
Una manifestación de estudiantes, sostenida por los
obreros, principalmente por los de la fábrica Obujovo, provocó igualmente desórdenes, que dieron lugar
a una batalla en regla con la policía y las tropas. Este
asunto, que se llamó la «defensa de Obujovo», y en el
cual participaron varios millares de obreros, suscitó
una viva efervescencia en la capital. Pero si la lucha

revistió un carácter particularmente encarnizado en San Petersburgo, fue igualmente muy viva en Moscú y en Kiev, donde estudiantes y obreros descendieron a la calle para hacer manifestaciones, con ocasión del 1.º de mayo.

CARTAS DE OBREROS

En los archivos del movimiento se encuentran fragmentos de «caídas a la redacción», enviadas por los obreros y obreras de entonces a los periódicos ilegales. He aquí lo que escribía una obrera, después de la colisión de la barriada de Viborg:

> No sabéis la pena que esto nos causaba a todos. ¡Ah, cuánto hubiéramos deseado ir hasta la perspectiva Nevski, o al centro de la ciudad! Es tan triste morir como perros, en un rincón, sin que nadie os vea... Y he aquí lo que quiero deciros aún: aunque hayan cogido a muchos de nuestros jefes —incluso a todos—, resistiremos.

El obrero B. observa:

> Es lamentable que no hayamos tenido una bandera. Otra vez tendremos una bandera y nos procuraremos también revólveres.

Lenin y su grupo hacían todo lo que podían por descubrir esas cartas; se servían de ellas en su lucha contra los economistas, y las publicaban a fin de probar que los obreros de vanguardia no querían solamente aumentos de salario; que tenían conciencia de la necesidad de descender a la calle, de procurarse revólveres y de dar la batalla a la policía zarista. Con gran alegría hizo imprimir Lenin el pasaje siguiente, de la carta de un obrero de un suburbio de la capital:

Se lo he enseñado[1] a muchos camaradas, que me lo han arrancado de las manos. Me gusta mucho más que la *Muisl*,[2] aunque no contenga nada que nos afecte directamente. En *Iskra*, al menos, se habla de nuestra causa, de la causa de toda Rusia, que no se puede evaluar en copecks o reducir a horas de trabajo. El pueblo puede ahora inflamarse fácilmente; no hace falta más que una chispa para provocar el incendio. ¡Ah, qué bien dicho está: «De la chispa saldrá la llama»![3] Antes, una huelga era un acontecimiento. Actualmente, todo el mundo ve que una huelga no es nada; es preciso, ahora, apoderarse de la libertad, conquistarla arriesgando la vida. Ahora ya no se trata de cajas de seguros, de círculos, ni siquiera de folletos: es preciso enseñarnos a ir al combate y a combatir.

El periódico *Iskra* (*La chispa*)

Entonces se funda *Iskra*, que, desde su aparición, publica cartas del género de las que acabamos de citar. Los leninistas se apoderaban de esas declaraciones de los trabajadores para demostrar que el obrero avanzado no se limitaba ya a la lucha económica; que quería aprender a batirse, a derribar la autocracia por las armas; dicho de otro modo, que quería la constitución

---

1 El primer número de *Iskra*.
2 *El Pensamiento Obrero*, órgano de los economicistas.
3 *Iskra* tenía como divisa: «De la chispa surgirá la llama», frase sacada de la respuesta de los decembristas a Pushkin.

de un verdadero partido revolucionario que ayudase a la clase obrera a desempeñar su papel de jefe de la lucha revolucionaria.

¿Cómo se fundó *Iskra*?

Terminada su pena, Lenin, que había sido condenado a la deportación, volvió de Siberia con Martov, Potressov y algunos otros militantes que compartían sus ideas. En San Petersburgo, sus amigos y él entraron en relaciones con Vera Ivanovna Sassulitch, que había participado en la fundación del Grupo de la Emancipación del Trabajo. Por mediación de ella entraron en relaciones con este grupo, cuyo centro estaba en Ginebra, y con el cual Lenin, por otra parte, había estado en relaciones. Ya durante su deportación, Lenin había tenido la idea de fundar un periódico para toda Rusia, y había comunicado su plan a Martov y Potressov en las cartas que les escribía.

Es en Siberia igualmente donde había comenzado a combatir el economicismo. De regreso a la capital, comenzó a reunir simpatizantes, que encontró en todas las ciudades donde se desarrollaba el movimiento proletario. Buscó principalmente a los obreros con quienes había fundado, en 1895, la Unión de Lucha por la Emancipación de la Clase Obrera. Entró igualmente en relaciones con los obreros de Moscú. De acuerdo con Martov y Potressov, llegó a la conclusión de que, para combatir eficazmente a los economistas y constituir un partido proletario revolucionario, era necesario fundar un periódico político que llegase a toda Rusia.

Poco después, en 1900, se celebró en Pskov una Conferencia ilegal, a la cual asistían Lenin, Martov, Potressov y dos militantes locales: Stepan y Lubov Radchenko. Struve y Tugán-Baranovski asistieron igualmente. Se proponían fundar un órgano liberal burgués, *La Liberación,* y, como no querían romper con el movimiento obrero, trataban de realizar una especie de coalición entre los liberales ilegales de entonces y los socialdemócratas ilegales.

En la Conferencia de Pskov se decidió publicar el periódico *Iskra,* y Lenin partió para el extranjero, con Potressov, para poner esta decisión en práctica. En diciembre de 1900 apareció en Múnich el primer número de *Iskra,* que desempeñó un papel importante en la historia de la revolución, y particularmente en la del partido comunista. Este órgano, en efecto, fue el director espiritual de toda una generación, y contribuyó considerablemente a la organización política y a la consolidación del partido.

En la situación de entonces, un periódico panruso, editado regularmente en el extranjero y al abrigo de las persecuciones judiciales, tenía una importancia considerable. En Rusia, los periódicos locales y los círculos revolucionarios eran suprimidos a cada instante. Los nuevos círculos que surgían no podían utilizar la experiencia de los antiguos, cuyos miembros estaban todos detenidos. Hacía falta un periódico que fuese como un centro ideológico y que permitiese conservar la tradición revolucionaria. El periódico panruso concebido por Lenin debía dar fórmulas idénticas para todo el movimiento, agrupar a los militantes y servir de núcleo a la organización de un partido ilegal. Así, pues, la existencia de un órgano permanente que gozase de una alta autoridad y al cual pudiera dirigirse cada grupo o célula en todo momento revestía una importancia particular, en las condiciones de entonces.

EL PAPEL DE *ISKRA*

El papel de *Iskra* no fue, ciertamente, menor, y acaso fuera incluso mayor, que el de *Zviezda* (*La Estrella*) y *Pravda* (*La Verdad*), en 1910-1912. Del mismo modo que *Pravda* en el período prerrevolucionario, pero en una escala más pequeña, *Iskra* puso en movimiento a una capa determinada de obreros y de revolucionarios. *Pravda* dio nacimiento a toda una generación de pravdistas; *Iskra*, a toda una generación de iskristas.

Evidentemente, hay entre esos dos periódicos una diferencia. *Zviesda*, y *Pravda* eran periódicos legales, cuyo fin principal era, más que la organización, la agitación y la propaganda. Sin embargo, tuvieron una inmensa importancia, y, en una época distinta a la de *Iskra*, contribuyeron considerablemente a la organización del proletariado.

Iskra aparecía bajo la dirección de Plejánov, Lenin, Martov, Axelrod, Potressov y Sassulitch. De esos seis militantes, cinco debían ir a parar, más tarde, al menchevismo. Pero Lenin desempeñó un papel tan importante en el periódico, que éste fue pronto, y con justa razón, calificado de órgano leniniano.

ORIENTACIÓN E IDEAS DE *ISKRA*

Ante todo, *Iskra* emprendió una cruzada contra los economistas, que trataban de mutilar el movimiento obrero. Se burló de ellos, ridiculizó su deseo de restringir el movimiento obrero a las reivindicaciones económicas pacificas. Su idea directriz era la de la hegemonía del proletariado. Afirmaba que el proletariado sería la clase libertadora, la fuerza fundamental de la revolución.

Después, *Iskra* emprendió la lucha contra los socialistas revolucionarios, a quienes, desde 1901, comenzó a llamar socialrreaccionarios. Sin embargo, en esta época, los socialistas revolucionarios no eran aún conocidos más que por sus gestos terroristas, y era difícil apercibir el carácter reaccionario de su partido. Pero la visión penetrante de Lenin y de los redactores de *Iskra* había discernido ya en ellos los futuros representantes de los *kulaks* pequeño-burgueses. La campaña de *Iskra* provocó, sin embargo, una viva cólera entre los *naródniki* y cierto número de obreros, que estimaban que, en lugar de querellarse, había que hacer el frente único contra la autocracia. Bajo el yugo del zarismo, los obreros decían ordinariamente que todos los revolucionarios, independientemente de los partidos y de las divergencias de opinión, debían unirse estrechamente y enseñarles cómo combatir al zarismo. Así, pues, *Iskra* tenia que desempeñar una doble misión: de una parte, concentrar bajo la dirección de los obreros y utilizar todas las corrientes de oposición, más o menos revolucionarias (estudiantes, liberales, *zemtsi*[1] y socialistas revolucionarios), y de otra parte, al mismo tiempo que se creaban las bases de un partido independiente puramente proletario, batallar contra los liberales y los socialistas revolucionarios y desenmascarar su ideología pequeño-burguesa.

En fin, *Iskra* emprendió la campaña por la creación de una organización política, centralizada, única, del proletariado de toda Rusia.

---

1 Miembros de las asambleas provinciales, de distritos y de gobiernos.

Actividad periodística y práctica de *Iskra*

En nuestros días, la idea de tal organización parece elemental. Pero en 1900-1901, los revolucionarios estaban habituados a confinarse cada uno en su pequeño círculo, y nadie pensaba en una organización panrusa; nadie veía que sólo semejante organización permitiría el éxito, ni comprendía qué fuerza enorme había que poner en movimiento para obtener un resultado. La idea de un partido centralizado, de una organización política panrusa del proletariado, era enteramente nueva y muy difícil de hacer aceptar y de realizar. El periódico no se limitó a preconizarla en sus columnas; creó un grupo especial, los iskristas, en el cual entraron de 100 a 150 de los revolucionarios más eminentes de ese tiempo, que se consagraron a realizar los planes que Lenin y Plejánov desarrollaban en *Iskra*.

Los partidarios de *La Liberación* e *Iskra*

Pero, al principio, había igualmente en *Iskra* gentes más o menos al margen del campo obrero. Era necesario, en efecto, explotar contra la autocracia el movimiento de los liberales y de los socialistas revolucionarios. Recordaré, a ese respecto, según Martov, un episodio característico.

Como ya he dicho, gentes como Struve y Tugán-Baranovski giraron durante algún tiempo en torno a *Iskra*. Aún más: al principio, el príncipe Obolensky colaboraba en ella y simpatizaba con el partido socialdemócrata. Un año después de su fundación, en 1902, *Iskra* desplegó francamente su bandera política, y sostuvo vigorosamente la idea de la hegemonía del proletariado. Obolensky escribió entonces, desde Orel, a *Iskra:* «Creo que ya es hora, para nosotros, de renunciar a la hegemonía en el movimiento liberador.» Ya en esta vía, no tardó en romper con *Iskra.* Su marcha fue la ruptura del último vínculo aún existente entre *Iskra* y los revolucionarios liberales, que podían, al principio, esperar hacer bloque con los iskristas.

Este episodio es sumamente curioso. Es significativo que gentes como Struve, Tugán-Baranovski, el príncipe Obolensky, hayan podido, durante tanto tiempo, gravitar en torno al partido obrero. Es éste un hecho que puede parecer hoy incomprensible, y que, sin embargo, era inevitable, Y Lenin tuvo perfectamente razón al utilizar (durante tanto tiempo como fue necesario) a Struve, Tugán-Baranovski y Obólensky. Era necesario —decía— saber sacar partido de todo, y Obólensky podía prestar servicios. La clase obrera estaba entonces obligada a ocultarse, estaba fuera de la ley, sus agitadores y propagandistas no tenían refugio y estaban sin un céntimo. Por el contrario, los liberales, que odiaban al zarismo a su manera, tenían numerosas relaciones. Era, pues, racional servirse de ellos, en tanto que de ellos se podía sacar algo.

Pero, si es notable que gentes como Obólensky hayan podido girar en torno a nuestro partido, su ruptura con él es más interesante aún. ¿Por qué se produjo? ¿Fue por ligeros desacuerdos? No, sino por una idea fundamental. Obólensky decía: «Creo que ya es hora de que renunciemos a la hegemonía en el movimiento liberador.» En otros términos: ya es hora de que el obrero renuncie a la dirección de la revolución; no debe ser en ella más que una fuerza auxiliar. Que arrastre el carro de la revolución; los señores liberales empuñarán las riendas. A ellos les corresponde definir el fin, el programa y la táctica del movimiento revolucionario.

Cuando los Obólensky, Struve y consortes se hubieron convencido de que *Iskra* no les daría la mano para el logro de sus deseos, declararon: Está bien; nos vamos. Evidentemente, no les quedaba, a Lenin y a sus amigos, más que desearles buen viaje.

Éxito e influencia de *Iskra*

Iskra, como organización y, sobre todo, como periódico, logró conquistar los Comités obreros en numerosas ciudades, y en primer lugar en San Petersburgo y en Moscú.

La obra de Lenin, *¿Qué hacer?,* aparecida en la primavera de 1902, ejerció igualmente gran influencia. Hacía el balance de dos años de trabajo de *Iskra.* Pasó a ser el libro de horas, el evangelio de todos los marxistas militantes. Sólo en 1903, viendo las deducciones que de ella se hacían, los mencheviques comenzaron a combatirla. La idea principal de *¿Qué hacer?* era la misma que la de *Iskra:* la hegemonía del proletariado. Además, el autor planteaba vigorosamente la cuestión del primitivismo y la de los revolucionarios profesionales.

El primitivismo

Lenin dio el nombre de primitivismo a la práctica mezquina de los círculos aislados, replegados sobre sí mismos. Criticaba a los revolucionarios de entonces, que se felicitaban de la existencia de un círculo en tal ciudad, de dos círculos en tal otra, y se burlaba de ellos. Todo eso —decía— es chapuza, dispersión. Lo que necesitamos es un trabajo revolucionario a la escala de la gran producción industrial. Es preciso acabar con el primitivismo, con la dispersión. En los años en que no se podía hacer otra cosa, eso estaba muy bien. Pero hoy las masas están en efervescencia, los obreros y las obreras nos escriben que quieren la lucha, piden que se les enseñe a «ir al combate»; en huelgas como la textil se ve a treinta mil hombres en movimiento; la barriada de Viborg es teatro de verdaderas batallas; los mismos estudiantes, los niños bien, descienden por millares a la calle y se baten, sin armas, contra la policía a caballo, del zar. Hoy, limitar la acción a los círculos es ocuparse de detalles, de miserias, en tanto que nos hace falta un movimiento revolucionario que penetre en las fábricas. Lo que necesitamos es un partido revolucionario panruso, y, en ese partido, una división del trabajo tal, que cada cual sepa lo que tiene que hacer y cuáles son sus obligaciones.

La derecha atacó a Lenin, sobre todo a propósito de esta división del trabajo, reprochándole querer transformar a los revolucionarios en rodajes inconscientes y de rebajar, de ese modo, su misión. Pero Lenin respondía, con razón, que realizar su función de rodaje de un gran partido revolucionario que persigue fines mundiales no era ir a menos, sino lo contrario. Y, partiendo de ahí, pedía la formación de un grupo, de una corporación, por decirlo así, de revolucionarios profesionales, es decir, de gentes cuya sola ocupación sería trabajar por la revolución.

LOS REVOLUCIONARIOS PROFESIONALES

Durante años, los mencheviques combatieron también la idea de Lenin, afirmando que los revolucionarios profesionales se convertirían en una casta cerrada, que se separaría cada vez más de las masas y degeneraría en un *clan* de conspiradores. Lenin les respondía con una verdad muy simple. Contra nosotros —decía— tenemos el coloso de la autocracia, con su mecanismo formado en el curso de tres siglos de ejercicio del Poder. Contra nosotros tenemos toda la vieja Rusia, con sus sabios, sus escuelas, su Prensa. Nuestro movimiento obrero, por el contrario, está aún en sus primeros pasos. Si queremos entusiasmar a las masas obreras, reunir en una sola llamarada los fuegos aislados que arden aquí y allá, necesitamos disponer de un mecanismo excepcional, casi maravilloso. Y para eso es indispensable que agrupemos a hombres realmente abnegados hacia la clase obrera en una organización de revolucionarios profesionales, es decir, de gentes que no se ocupen más que de servir a la revolución, y que, gracias a una división racional del trabajo, sepan, en la ilegalidad, en las circunstancias más penosas, maniobrar como tácticos consumados y mantener el movimiento.

IMPORTANCIA DEL TRABAJO DE LOS REVOLUCIONARIOS PROFESIONALES PARA EL PARTIDO

Lenin tuvo que sostener rudos combates para hacer triunfar su idea de la organización de los revolucionarios profesionales. Entonces enteramente nueva, esta idea, en efecto, parecía a muchos el fruto de un delirio. Pero Lenin había visto acertadamente, y la realización de su idea tuvo las consecuencias más felices para el partido. En efecto, de ese grupo de revolucionarios profesionales, fundado hace una veintena de años, han salido casi enteramente los cuadros que asumen hoy la dirección de nuestro partido, e incluso la del Estado. Los viejos militantes del partido comunista ruso son muy poco numerosos (10.000 solamente de nuestros miembros actuales han dado su adhesión antes de 1917); pero, gracias a su experiencia revolucionaria, gozan de un prestigio y de una autoridad considerables y constituyen el cemento que suelda nuestro partido en un bloque sólido. Esos diez mil hombres son la gloriosa falange de los revolucionarios profesionales, que no han cesado de combatir por la revolución, sin conocer otra ocupación. Encarcelados, reanudaban, apenas libertados, su trabajo revolucionario, como el obrero que regresa por la noche de la fábrica para volver a ella al día siguiente, por la mañana.

Las páginas de *¿Qué hacer?* consagradas a la organización de los revolucionarios profesionales produjeron una impresión muy fuerte y ejercieron una gran influencia. Describiendo el movimiento de los primeros años del siglo XX, un miembro del Bund, partidario del menchevismo, y que no aprobaba ni la organización de los revolucionarios profesionales, ni la lucha contra el primitivismo, ni la división del trabajo en el partido, escribía recientemente: «Frecuentemente me ponía a pensar que sería hermoso parecerse, aunque fuera de lejos, a ese revolucionario ideal descrito por Lenin en *¿Qué hacer?*»

Después de haber leído *¿Qué hacer?*, los mejores mencheviques, aunque adversarios de Lenin, no podían impedirse de reconocer la verdad revolucionaria, grandiosa y vivificante, que emanaba de las páginas de este libro.

Sin embargo, la organización de *Iskra* continuaba creciendo. Dándose cuenta de que se convertía en el foco revolucionario más influyente y de que, gracias a ella, todo el movimiento despertaba a una nueva vida, el Gobierno zarista la hizo blanco de una serie de medidas represivas. En febrero de 1901, en Kiev, centro importante para *Iskra*, las autoridades destruyeron la organización local y detuvieron a los directores. Entre estos últimos citaré a Baumann, bolchevique resuelto, muerto en 1905, en Moscú; V. Krojmal, más tarde menchevique rabioso (presidente del Preparlamento dispersado en las jornadas de octubre, fue varias veces, más tarde, detenido en Petrogrado por nuestra Guepeú, por su actividad contrarrevolucionaria); Bassovsky, que ha desaparecido de la escena revolucionaria; Blumfeld, obrero tipógrafo, que había compuesto clandestinamente *Iskra* en Leipzig y después en Múnich, y que, a continuación del segundo Congreso, se hizo menchevique; Litvinoí, actualmente vicecomisario de Negocios Extranjeros, y Piatnitski, bolchevique que trabaja hoy en la Internacional comunista.

Como se ve, en esta época *Iskra* agrupaba a hombres entre los cuales el bolchevismo encontró sus mejores jefes y el menchevismo algunos de sus representantes más notorios.

EL AÑO 1902

En abril de 1902 se intentó de nuevo reunir una Conferencia panrusa. En Bielostok se reunió una Conferencia, que fue un medio éxito. Al mismo tiempo que los futuros bolcheviques, estuvieron representados en ella los futuros mencheviques, y entre ellos el famoso Dan.

El 4 de abril de 1902, Balmachov mató a Sipiaguin, que fue reemplazado por Plehve. Era entonces el apogeo del movimiento estudiantil, que se apoyaba aún en los obreros y en los socialdemócratas, aunque pronto comenzó a alejarse de ellos y a desviar hacia el socialismo revolucionario. El movimiento obrero era igualmente muy importante. Entonces se celebró la célebre manifestación obrera de Nijni-Novgorod, que provocó la detención de numerosos camaradas y concluyó con un gran proceso, en el que estuvieron implicados, entre otros, Zolomov y Dénissov. En la Audiencia, Dénissov, que es actualmente uno de los más antiguos miembros de nuestro partido, pronunció un discurso verdaderamente heroico, que fue comentado con entusiasmo por la población de Nijni-Novgorod y leído, más tarde, en una serie de ciudades rusas.

ACONTECIMIENTOS DE ROSTOV

En fin, en noviembre de 1902 sobrevinieron los acontecimientos de Rostov. Todo el año 1902 había sido fértil en huelgas, sobre todo en el Sur de Rusia. En noviembre, un poderoso movimiento, económico al principio, al parecer, y después político, estalló en Rostov. Un gran mitin reunió a cerca de 40.000 hombres, y la policía no pudo dispersarlos. Durante algunos días hubo una serie ininterrumpida de mítines, en el curso de los cuales los manifestantes pronunciaron discursos inflamados, inspirados en *Iskra*. El movimiento estaba dirigido por el obrero bolchevique

I. Stavsky y por el camarada Gussiev, que trabaja actualmente en la Comisión Central de Fiscalización, y que era entonces miembro del Comité de Rostov.

Los acontecimientos de Rostov significaron la derrota definitiva de los economistas. Los movimientos de Nijni

Novgorod, de la fábrica Obujovo, del barrio de Viborg, de Rostov del Don, eran visiblemente movimientos políticos, que no tenían nada de común con el economicismo, y por los cuales los obreros se afirmaban como los futuros directores de la revolución.

EL PRIMER COMITÉ CENTRAL

Todos estos hechos sirvieron de base para la preparación del segundo Congreso de nuestro partido. Después de las detenciones de Kiev y de las evasiones de varios bolcheviques encarcelados en esta ciudad, *Iskra* fundó su Comité de organización, que, a decir verdad, fue el primer Comité central del partido. Este Comité comprendía a Krzizanovski, Alexandrova, que debía pasar más tarde al menchevismo; Lengnik, que trabaja ahora en la Comisión Central de Fiscalización; Krassikov, uno de los principales colaboradores del Comisariado de Justicia; Krasnuja y Levin, que representaban, uno, el Comité petersburgués, y el otro, la organización de *El Obrero del Sur*; Rozanov, detenido en 1920 por el asunto del Centro Nacional, y, en fin, Portnoi, representante del Bund. La mayor parte de esos militantes, hoy bolcheviques, eran próximos amigos de Lenin, que, desde el extranjero, dirigía la organización del trabajo.

Proyecto de programa del partido

El Comité de organización debía convocar un Congreso panruso, encargado de establecer las bases del partido, según el programa elaborado por *Iskra*. Este periódico publicó un proyecto de programa, compuesto en colaboración con la redacción de *Zaria* (La Aurora), órgano teórico editado en el extranjero por el grupo de Plejánov y de Lenin. El anteproyecto de programa había sido compuesto en Múnich y toda la redacción de *Iskra* había colaborado en él. Al principio, Lenin y Plejánov se habían encontrado separados por divergencias esenciales; pero, en fin de cuentas, habían llegado a un acuerdo, y, en el segundo Congreso del partido, sostuvieron exactamente las mismas tesis en todas las cuestiones del programa.

Una gran parte de ese proyecto, que era, sobre todo, obra de Plejánov y de Lenin, ha pasado al programa actual del partido comunista ruso. (Se trata de la parte teórica, con las tesis sobre el desarrollo del capitalismo, la concentración del capital, la formación del proletariado y la ocupación del Poder por el proletariado.) Hacia 1903, el proyecto estaba presto y la Comisión de organización reunió el Congreso.

Sin embargo, aquí y allá brillaban los relámpagos precursores de la lucha revolucionaria. En 1902 estallaron en el Gobierno de Saratov una serie de motines campesinos, duramente reprimidos por Stolypin. Estos movimientos demostraron que la masa rural comenzaba a despertar de su letargo y a seguir el ejemplo dado por la clase obrera, que había puesto en movimiento a los estudiantes y a la burguesía liberal. Además, terroristas aislados, como Karpovitch, Balmachov, Hirsch Lekert, tiraban sobre los representantes de la Administración zarista.

En varias ciudades se producían colisiones entre los manifestantes y la policía.

EL SEGUNDO CONGRESO DEL PARTIDO

Así, pues, el segundo Congreso se desarrolló en una atmósfera de tormenta. Comenzado en Bruselas, debió, ante los obstáculos opuestos por las autoridades belgas, trasladarse a Londres, donde terminó. Reunió una sesentena de delegados, de los cuales, 48 con voz y voto. De esos delegados citemos, entre otros, Schottmann, del Comité de San Petersburgo (actualmente en la Comuna careliana); Lydia Majnovietz, «economista» notoria, igualmente del Comité de San Petersburgo, a la derecha del cual representaba; N. Baumann, del Comité de Moscú. La Unión del Norte de Rusia tenía como delegados a Lydia Knipovitch, que militó durante largo tiempo en Petrogrado, donde murió, en 1921, y a Stopani, bolchevique eminente, fundador del movimiento obrero en Bakou. El Comité de Ufa estaba representado por Majlin y Leonov; el de Kiev, por Krassikov; el de Tula, por Dmitri Ulianov, hermano de Lenin y actualmente militante comunista; el de Odessa, por Zemliatchka; el del Don, por Gussiev, ahora bolchevique, y por el menchevique Lokermann; el de Saratov, por Galkin y Liadov, ambos, ahora, bolcheviques; el de Jarkov, por Levina y Nikolaiev. El menchevique Panin representaba a la Unión de Crimea, y su colega Machinsky, a la del Donietz. La Unión de Siberia tenia como delegados al doctor Mandelberg, menchevique, miembro de la segunda Duma, y a Trotski, que, al final del Congreso, cuando surgieron los desacuerdos entre bolcheviques y mencheviques, se colocó al lado de éstos. El Comité de Batum estaba representado por Zurabov, más tarde diputado en la segunda Duma, menchevique e internacionalista; el de Bakou, por Bogdam Knuniantz, que fue miembro del primer Soviet obrero, en 1905, y se pasó a los mencheviques durante la contrarrevolución; el de Tiflis, por Topuridzé. Los delegados del Bund eran Kramer, Eisenstadt, Portnoi, Lieber, Medem y Kossovsky, todos mencheviques. En fin, Lenin representaba a la organización de los iskristas en el extranjero, y Martov, a la redacción. Plejánov, Axelrod, Deutch y otros asistían igualmente al Congreso.

Composición social del partido hacia 1903

Algunas palabras sobre la composición social del partido en esta época. En el segundo Congreso, como, desde luego, en los Comités, la mayoría no estaba formada por obreros. Es éste un hecho importante para comprender nuestra polémica actual sobre la composición social del partido comunista. Se razona, a veces, de manera simplista. Después de haber consultado la estadística y anotado el número de obreros, de campesinos y de empleados, en el partido, se concluye que el partido no es obrero porque los obreros no son en él la mayoría absoluta. En realidad, hay organizaciones puramente obreras por su efectivo y cuya política, sin embargo, no es revolucionaria, no está penetrada de espíritu proletario. La composición social de un partido no es el único criterio de su naturaleza; es un elemento importante, pero hay otros.

La organización de *Iskra* y nuestros Comités de entonces estaban formados, sobre todo, por estudiantes y, en parte, por revolucionarios profesionales. Los obreros, como Babuchkin y Schottmann, eran poco numerosos; así, pues, no estaban en mayoría en el segundo Congreso que creó las bases del partido. Sin embargo, la organización de *Iskra*, que fue, en suma, la primera organización bolchevista, desempeñó un gran papel en la revolución. Compuesta de revolucionarios profesionales, dirigidos por Lenin, supo arrastrar a las masas obreras tras ella y expresar las aspiraciones del proletariado. Aunque la mayor parte de sus miembros no fuesen obreros, era, por su espíritu, la emanación misma de la clase obrera.

POLÉMICA CON EL BUND

Pero volvamos al segundo Congreso, donde se produjo el cisma entre bolcheviques y mencheviques. La primera divergencia surgió a propósito de la cuestión nacional, que fue planteada por el Bund. Sin dejar de rendir homenaje al heroísmo de los obreros y artesanos judíos, que, en la noche de la reacción, fueron los primeros en lanzarse al combate, es preciso decir, sin embargo, que su organización estaba saturada de menchevismo y de nacionalismo. Así, en el segundo Congreso, el Bund exigía que se le considerase como «la única representación de todo el proletariado judío que vivía en Rusia». No quería tener en cuenta el hecho de que el proletariado judío estaba diseminado por todo el país y que, por consiguiente, era más racional para los obreros judíos (como para los finlandeses, los estonios, etcétera) adherirse a las organizaciones de las localidades en que se habían fijado. Los iskristas no podían consentir la división de su organización en fracciones nacionales, pues ya se consideraban como un partido internacional. Reconocían únicamente a los obreros el derecho de tener sus organizaciones auxiliares y sus grupos especiales, de editar periódicos en sus lenguas respectivas, etc. Pero el Bund, descubriendo el nacionalismo de que debía dar prueba más tarde, rechazó categóricamente este punto de vista y reivindicó la separación de los obreros por nacionalidades, con partidos distintos. Según él, el partido debía estar organizado según el principio del federalismo, o, dicho de otro modo, los diferentes partidos obreros nacionales debían unirse en una federación. Ni que decir tiene que en semejante organización no podía plantearse la cuestión del centralismo proletario verdadero, sin el cual, como lo ha demostrado la experiencia de la revolución, el proletariado no hubiera podido obtener la victoria. Este conflicto, que parecía no girar más que en torno a la organización, manifestaba, en realidad, un desacuerdo político importante, manifestaba en germen todas las futuras discusiones sobre la cuestión nacional y el internacionalismo.

Los iskristas, con Lenin y Martov, combatieron vigorosamente al Bund. Pero los futuros mencheviques y los futuros bundistas, sintiendo su comunidad de ideas sobre algunas otras cuestiones fundamentales, comenzaron a aproximarse en el curso del mismo Congreso. No obstante, esta aproximación sólo fue parcial; el Bund se retiró del Congreso y se separó del partido.

DISCUSIÓN SOBRE EL PRIMER PÁRRAFO DEL ESTATUTO DEL PARTIDO (CONDICIONES DE ADHESIÓN)

Un segundo conflicto, no menos grave, surgió respecto al primer párrafo del estatuto, concerniente a las obligaciones de los miembros del partido. Según

Lenin, no podía ser miembro del partido más que *el que participase en una de sus organizaciones*, cumpliese sus obligaciones, pagase sus cotizaciones, observase la disciplina, etc. Para Martov, por el contrario, bastaba trabajar bajo la fiscalización del partido y ayudar de una manera cualquiera a sus organizaciones para ser considerado como miembro del partido. A primera vista, parecía a muchos delegados que esta discusión giraba más bien en torno a las palabras y que no tenía gran importancia. En realidad, no se trataba de una controversia literaria: se trataba de saber lo que debía ser el partido.

Al principio de esta obra ya hemos demostrado que la discusión sobre el primer párrafo del estatuto entre los futuros bolcheviques y los futuros mencheviques era, en el fondo, una discusión sobre el papel que incumbía al partido proletario en la revolución.

Si el obrero quiere ser miembro del partido, decía Lenin, debe entrar en una célula, trabajar en una organización del partido, y esto no debe asustarle. La observación de esta condición nos dará un partido que no sea una masa friable, sino una organización fuertemente cimentada, compuesta por proletarios auténticos. Martov, Axelrod y los otros mencheviques juzgaban de otra manera. «Vivimos, decían, en un tiempo de ilegalidad, en que la adhesión al partido no deja de presentar peligros. El obrero, acaso, vendrá a nosotros; pero el estudiante, el profesor, el pequeño funcionario, no querrán ser miembros de una organización ilegal y encontrarse sometidos a la fiscalización de una célula. Por eso, si adoptamos, en lo que concierne a las obligaciones de nuestros miembros, una fórmula más amplia; si decimos que pueden entrar en el partido todos los que le aportan su colaboración y trabajan bajo su fiscalización, sin estar

obligados por eso a entrar en las células y en las organizaciones, reuniremos los estudiantes, los profesores
y los pequeños funcionarios.»

Lenin combatió enérgicamente este punto de vista. «Vuestro proyecto, decía, amenaza con arruinar
el partido. Lo que necesitamos en el partido no son
estudiantes, profesores y pequeños funcionarios, sino
obreros. Estamos prestos a utilizar el movimiento de
los estudiantes y de los profesores; no rechazamos
los servicios del príncipe Obolensky, del serenísimo
Pedro Struve y de todos cuantos encontremos en
nuestro camino. Pero debemos recordar que la clase
directriz es el proletariado y que su partido debe ser
proletario.»

Así, pues, el conflicto no giraba en torno a fórmulas, sino en torno a una cuestión vital; se trataba de
saber si nuestro partido seria un partido obrero, proletario, revolucionario, o si se convertiría en lo que
se convirtió más tarde la socialdemocracia alemana,
que, absorbiendo los elementos más heterogéneos, se
hinchó de una manera inverosímil, y, en el momento
de la guerra, reventó vergonzosamente. La proposición de Martov y de Axelrod nos reservaba la suerte
del partido socialista revolucionario, que, aceptando
a todo el mundo en sus filas, se infló en 1917 hasta el
punto de que los revolucionarios aislados desapare-
cían en la masa de los demócratas burgueses.

En 1903, el sentido de la discusión sobre el primer
párrafo del estatuto estaba lejos de ser claro para to
. dos los que participaron en la controversia. Ahora
solamente nos damos claramente cuenta de que se trataba, en el fondo, de saber si el partido debía ser la
vanguardia verdadera de la clase obrera y realizar la
dictadura del proletariado; si debía ser rigurosamen-
te centralizado, homogéneo, fundido en un solo blo-

que, o convertirse en una amalgama de fracciones y de tendencias, en una organización en que todas las corrientes tendrían iguales derechos, en un club de discusiones sempiternas. El ideal de los mencheviques y de ciertos conciliadores era, precisamente, hacer del partido un conglomerado de tendencias. Los bolcheviques, por el contrario, por mediación de Lenin, plantearon al segundo Congreso la cuestión del papel del partido de la misma manera que la plantean ahora.

El Congreso no tenia una idea muy clara de esta cuestión, enteramente nueva para él, y que, por otra parte, se complicaba aún, a causa de la ilegalidad del partido. Incluso los militantes más inteligentes, como Plejánov, no se daban cuenta exacta de la importancia de esta discusión. Plejánov pronunció un discurso, medio en broma, medio en serio, donde decía: Cuando se oye a Lenin, se está dispuesto a darle la razón; cuando es Martov quien habla, parece igualmente muy cerca de la verdad. Visiblemente, quería conciliar las dos tendencias. Pero Lenin permaneció firme en sus posiciones, y hubo un combate encarnizado. En fin de cuentas, la victoria fue para Martov, que, gracias a una insignificante, mayoría, hizo adoptar la fórmula menchevista. El Congreso decidió, pues, que en el partido podía entrar cualquiera que le aportase su colaboración y trabajase bajo su fiscalización. Esta decisión, al abrir las puertas de par en par a los elementos no proletarios, habría sido funesta para nuestro partido, con seguridad, si la misma vida no hubiera introducido en ella, más tarde, modificaciones. Describiendo después lo ocurrido en el Congreso, Martov decía: Obtuve la victoria, pero Lenin logró en seguida, por la adición de algunos puntos, desfigurar de tal manera mi fórmula que, en fin de cuentas, no quedó casi nada de ella.

Este conflicto provocado por el primer párrafo del estatuto es sumamente instructivo, pues demuestra que en nuestro partido existían ya dos partidos, del mismo modo que en el marco del marxismo legal coexistieron durante cierto tiempo dos filosofías diferentes.

EL CONFLICTO SOBRE LA CUESTIÓN DE LA ACTITUD RESPECTO A LOS LIBERALES

La tercera diferencia fue aún más importante y más seria. Surgió en torno a la cuestión de la actitud con respecto a los liberales.

En este tiempo, la burguesía liberal, que había reconquistado influencia y tenia un periódico suyo, comenzó a enseñar los dientes a la clase obrera. En los últimos años del siglo XIX, la autocracia era aún su principal enemigo. Pero en 1903, cuando las relaciones sociales comenzaron a precisarse, particularmente después de las huelgas del Sur y de los acontecimientos de Rostov, cuando los obreros comenzaron a tomar la dirección del movimiento y a poner en el primer plano los intereses especiales de su clase, los liberales pusieron mala cara y, continuando la lucha contra el zarismo, sostuvieron contra ellos una lucha hipócrita. Su instinto de clase les decía que, más pronto o más tarde, chocarían, en la batalla decisiva, con la clase obrera, con el partido obrero.

Por eso se planteó ante el segundo Congreso la cuestión de la actitud que debía observarse con respecto a ellos. Viendo que los liberales se organizaban y enseñaban los dientes, Lenin, que había recomendado otras veces que se les utilizara, declaró: Sí, nos serviremos de los liberales contra el zar, pero, al mismo tiempo, debemos decir a la clase obrera que la burguesía liberal se organiza, que constituye su partido, que se hace cada vez más contrarrevolucionaria, que irá contra los obreros y que se opondrá a la conclusión de la revolución. Por eso, en tanto que combata al zar, debemos sostenerla, pero no debemos olvidar que es nuestra enemiga.

En otros términos: en el segundo Congreso se formuló, clara y exactamente, por primera vez, la cuestión de la actitud con respecto a la burguesía, cuestión que debía provocar más tarde la ruptura definitiva con los mencheviques. Estos últimos, por mediación de Martov, Potressov y algunos otros, propusieron que se fuera con los liberales, a condición de que éstos se pronunciasen claramente en favor del sufragio universal. Esta condición era, decían, una piedra de toque infalible, y los liberales que la aceptasen sin reserva demostrarían, al hacerlo, que no eran contrarrevolucionarios. Pero la manera como los mencheviques planteaban el problema demostraba que querían no servirse de la burguesía, sino ir del brazo con ella; por eso le hacían una oferta aceptable.

Lenin y Plejánov criticaron ásperamente esta proposición, demostrando que la famosa piedra de toque no serviría para nada. El liberal, decían, aceptará hoy cualquier condición, y mañana nos engañará. Es preciso enseñar a los obreros la desconfianza hacia la democracia burguesa y no sugerirles la idea ingenua de que sería posible, con ciertas condiciones, entenderse con la burguesía liberal, que quiere simplemente servirse de ellos en su lucha contra la autocracia.

En 1903, estaban en presencia tres fuerzas fundamentales: la autocracia zarista, la clase obrera y la burguesía liberal. La clase obrera decía: Sirvámonos, contra el zar, de la burguesía liberal, y después la atacaremos a ella. La burguesía liberal decía: Sirvámonos de los obreros contra el zar, y después les romperemos el alma. Siendo esto así, es claro que la actitud hacia los liberales era una cuestión capital, que debía predeterminar nuestra táctica para todo un período.

Pero el Congreso no comprendió toda la importancia de la cuestión. Y como Martov, que había combatido durante largos años al lado de Lenin, gozaba de una gran popularidad y de la confianza del partido, el Congreso pronunció una sentencia a lo Salomón: adoptó las dos resoluciones por un número casi igual de votos, estimando que no eran contradictorias. Se ve, por esto, hasta qué punto eran entonces imprecisos los desacuerdos.

Además de los tres desacuerdos que acabamos de mencionar, hubo otros, pero de menor importancia. Así, por ejemplo, en la cuestión de la estructura del partido, Lenin era partidario de la centralización rigurosa, en tanto que los mencheviques defendían, aunque tímidamente aún, la descentralización, el principio federativo, la autonomía.

Conflicto respecto a la composición de la redacción de *Iskra*

Surgió igualmente una querella respecto a la redacción de *Iskra*, compuesta entonces de Plejánov, Lenin, Martov, Potressov, Axelrod y Sassulitch. Como el Congreso se encontraba dividido en torno a varias cuestiones fundamentales, Lenin declaró que había que formar una redacción que expresase la opinión de la mayoría, y propuso a Plejánov, a Martov y a él. En esta combinación, Martov había quedado en minoría. Pero la reorganización propuesta por Lenin iba dirigida también, en parte, contra Plejánov. Hasta el segundo Congreso, el Grupo de la Emancipación del Trabajo había votado constantemente con Plejánov, que, de este modo, había tenido siempre tres votos seguros (el de Axelrod, el de Sassulitch y el suyo). Lenin quería una organización de la redacción en la que la solución de las cuestiones en litigio no dependiese del humor o del capricho de Plejánov. Hasta entonces, Lenin no había tenido desacuerdos serios con Martov, que le había ayudado a preparar el Congreso. Pero la proposición de Lenin vejó profundamente a Axelrod, Sassulitch y Protessov, que se veían eliminados de la redacción de *Iskra*. Esta propuesta desencadenó una verdadera tempestad en la Asamblea, donde se la consideró casi como un sacrilegio, con respecto a los antiguos miembros probados del partido, y Martov, viendo que estaría en minoría en la nueva redacción, se negó a entrar en ella. La mayor parte de sus partidarios le aprobaron. El Congreso no pudo hacer nada. Al final, se eligió a Plejánov y a Lenin. Esta decisión se adoptó, me parece, por 25 votos contra 23.

A partir de este momento, se comenzó a emplear por las dos fracciones de nuestro partido los términos de «bolcheviques» (mayoritarios) y «mencheviques» (minoritarios). Como es sabido, durante la revolución se dio frecuentemente un sentido erróneo a estas palabras. Mucha gente consideraba entonces que los bolcheviques eran los que querían obtener lo más posible, y los mencheviques, aquellos cuyas pretensiones eran menores.[1] En realidad, estas palabras nacieron en el segundo Congreso, cuando la mayoría

---

1 Se hacía derivar «bolchevique» de la palabra rusa *bolche*, que quiere decir «más», y «menchevique», de la palabra *menche*, que quiere decir «menos». (N. del T.)

(en ruso *bolchinstvo,* y de ahí «bolcheviques») votó en favor de la redacción Plejánov-Lenin, en tanto que la minoría (en ruso *menchinstvo,* de donde viene «mencheviques») se pronunció contra ella.

El segundo Congreso dio a la redacción el derecho de cooptar nuevos miembros. Veremos más adelante cuál fue el resultado de esta decisión.

CONFLICTO SOBRE EL PROGRAMA DEL PARTIDO

En fin, hubo aún, en el Congreso, un conflicto sobre el programa del partido. Conviene que nos detengamos en él, pues Plejánov defendió enérgicamente en esta ocasión la idea de la hegemonía del proletariado.

Plejánov era uno de los principales autores del programa del partido, que los «economistas», con Martinov a la cabeza, criticaban vivamente, y al cual habían propuesto innumerables modificaciones. Surgió el conflicto a propósito de algunas cuestiones esenciales, que todavía ahora no han perdido actualidad. La primera era la del sufragio universal. En uno de los discursos que pronunció en el Congreso, Plejánov formuló su punto de vista: «Reclamamos ahora, dijo, el sufragio universal; pero, como revolucionarios, debemos decir abiertamente que no pretendemos hacer de él un fetiche. En efecto, es muy posible que la clase obrera, después de su victoria, se vea obligada por cierto tiempo a privar del derecho de voto a su adversario, la burguesía. El interés de la revolución es, para un revolucionario, la ley suprema. Si, en interés de la revolución, es preciso disolver un Parlamento, incluso elegido democráticamente, no vacilaremos en hacerlo.» Estas palabras provocaron la indignación de los futuros mencheviques.

Los debates que siguieron a éste giraron en torno a la cuestión de la Constituyente y a la duración de los poderes del Parlamento. En nuestro programa mínimo pedíamos la convocatoria del Parlamento cada dos años, es decir, lo más frecuentemente posible. Uno de los futuros mencheviques declaró que sería más democrático aún convocarlo todos los años. Entonces Plejánov se levantó y pronunció un discurso notable. «Amigos míos, dijo: debéis daros cuenta de que, para un revolucionario, la cuestión de la duración del mandato parlamentario está subordinada a otras más importantes. Si un Parlamento es ventajoso para la clase obrera, nos esforzaremos evidentemente por prolongarlo. Pero si va contra la clase obrera, haremos todo lo posible por hacerlo disolver lo más rápidamente posible, si es preciso.»

Estas palabras provocaron un tumulto indescriptible en la Asamblea. Una parte de los delegados rompió a aplaudir; la otra comenzó a silbar y a gritar al orador. El presidente llamó al orden a los delegados que habían silbado; pero uno de ellos, adoptando una actitud teatral, declaró: «Si en el Congreso del partido obrero se pronuncian tales palabras, mi deber es silbar.» Ironía del destino: este hombre no era otro que Rozanov, militante notable, que, bajo el nombre de Martyn, trabajó en Petrogrado, fue miembro del partido comunista e incluso del Comité central, pero que acabó por ser, en 1919, aliado de Denikin. Detenido y condenado a muerte por haber participado en el «Centro Nacional», fue indultado después. Actualmente en libertad, ha abandonado, al parecer, la política.

Plejánov y la pena de muerte

Este incidente, bastante insignificante, era, sin embargo, sintomático: reflejaba el conflicto entre la Montaña y la Gironda, entre los futuros bolcheviques y mencheviques. El segundo Congreso tenía que resolver las cuestiones fundamentales, que, más tarde, tuvieron una importancia decisiva y separaron definitivamente a bolcheviques y mencheviques. Plejánov era entonces bolchevique, en el mejor sentido del término; se enorgullecía del sobrenombre de «jacobino». Cuando se examinó la cuestión de la pena de muerte, y los mencheviques se pronunciaron por su supresión, Plejánov declaró: «¿Supresión de la pena de muerte? Muy bien. Pero considero que se imponen algunas reservas. ¿Pensáis que se puede dejar la vida a Nicolás II? Estimo que para él debe mantenerse la pena de muerte».

Estas palabras fueron una ducha fría para los mencheviques, que, ya entonces, razonaban como liberales, y para quienes toda efusión de sangre era inadmisible. Los revolucionarios verdaderos, por el contrario, decían: Todo depende de las circunstancias; en todo caso, no hay ningún mal en suprimir a un tirano como Nicolás II. Cuando Kérenski quiso restablecer la pena de muerte para los obreros y los soldados que se negaban a hacerse matar en el frente por los imperialistas, sublevamos al pueblo contra esta medida. Pero cuando se trataba de la pena de muerte para Nicolás II y los señores terratenientes archirreaccionaríos, nuestra actitud debía ser diferente.

Plejánov, bolchevique

En todas las cuestiones que provocaron desacuerdos, como el sufragio universal, el parlamentarismo, la pena de muerte, Plejánov habló como un verdadero bolchevique, como un defensor ardiente de la hegemonía del proletariado. Incluso antes del Congreso había escrito en *Iskra* que nuestra socialdemocracia se dividía en Montaña y en Gironda, que los mencheviques eran los girondinos y que traicionarían la revolución obrera. Algunos de nuestros militantes no conocen más que el Plejánov de los últimos años: el Plejánov que, en el momento de la guerra, pasó al enemigo. Sin embargo, Plejánov es uno de los fundadores del bolchevismo; en 1903 defendía las ideas que son ahora nuestro bien común. En el segundo Congreso estaba al lado de Lenin, y entró en el Consejo del partido y en la redacción de nuestro órgano central, como representante de la tendencia leniniana.

Después del segundo congreso

El Congreso terminó por una escisión. El Comité central fue elegido sólo por los bolcheviques. Martov publicó un folleto: *El partido en estado de sitio,* donde dirigía innumerables acusaciones contra Lenin, al cual reprochaba notablemente haber ultrajado a los militantes más respetables. Los delegados mencheviques se fueron a Rusia y fundaron un «Secretariado» especial, que comenzó inmediatamente a boicotear al Comité central bolchevique. Plejánov y Lenin se quedaron solos para asumir la publicación de *Iskra;* pues, como decía Plejánov, los generales hacían la huelga general. Los antiguos colaboradores de *Iskra,* en efecto, se negaban a escribir en un periódico del cual estaban descartados Axelrod y Martov. Seis números de *Iskra* aparecieron bajo la dirección de Lenin y Plejánov. Este publicó entonces artículos en donde enseñaba la táctica de los combates en las calles; marxista erudito, no desdeñaba enseñar a los militantes y a las masas la manera de construir barricadas, en previsión de las colisiones próximas con los gendarmes del zar. Como todos los bolcheviques, presentía la inminencia de la tempestad revolucionaria. Pero, desgraciadamente, no perseveró largo tiempo en esta vía. Al cabo de algunos meses abandonó sus posiciones. Propuso a Lenin hacer volver a la redacción a los «generales huelguistas», asegurando que entre los dos los tendrían en la mano. Pero Lenin, intratable, como siempre en las cuestiones de principio, dimitió su puesto en la redacción. Una vez solo, Plejánov llamó a los cuatro antiguos redactores de *Iskra*. La nueva *Iskra* se convirtió en un órgano menchevista. Plejánov, al principio, trató de retener a los «generales», de atenuar sus desviaciones de derecha; pero fue arrastrado de concesión en concesión, se resignó poco a poco y, en fin de cuentas, se hizo él mismo menchevique.

Así, pues, a finales de 1903 teníamos ya dos grupos, dos organizaciones, el embrión de dos partidos. El bolchevismo y el menchevismo aparecían como dos corrientes ideológicas distintas. La primera revolución debía darles su forma definitiva.

CAPÍTULO IV

LA GUERRA RUSO-JAPONESA

La guerra ruso-japonesa fue el acontecimiento más importante de 1904. Tuvo por efecto precipitar la revolución de 1905, sin la cual la de 1917 hubiera sido imposible.

Las causas de esta guerra dieron lugar a algunas divergencias en la socialdemocracia de entonces. Los mencheviques subrayaban principalmente el carácter «dinástico» de la guerra; la explicaban exclusivamente como un esfuerzo de la casa de los Romanov por consolidarse en el trono, tratando de distraer hacia los acontecimientos exteriores la atención que el pueblo prestaba a los acontecimientos interiores. Ciertamente, este punto de vista contenía una parte de verdad. El país estaba descontento y sacudido por una sorda agitación; era, pues, natural que los gobernantes de entonces, Pobiedonostsev, primero, y Witte, después, creyeran deber recurrir a una diversión. La historia nos ofrece numerosos ejemplos de soberanos que, en el momento en que su trono estaba amenazado, no vacilaban en provocar una guerra para salvar su poder. Pero, lo más frecuentemente, esas soluciones no tenían otro resultado que precipitar su caída. Y es lo que ocurrió con la guerra ruso-japonesa.

EL PUNTO DE VISTA DE LOS MENCHEVIQUES

Sin embargo, la razón dinástica no era la única causa de la guerra de 1904; las tendencias puramente imperialistas, el deseo de nuevos mercados tenían en ella igualmente una parte importante. Numerosos Comités locales de nuestro partido se esforzaban en demostrarlo. Pero los mencheviques combatían este punto de vista. Y, reflexionando bien, se descubre, en su análisis de las causas de la conflagración ruso-japonesa, el germen de su evolución política ulterior. En 1904, como en 1914, los mencheviques se negaban a ver las causas económicas profundas del conflicto imperialista.

EL DERROTISMO

Durante la guerra ruso-japonesa se manifestó por primera vez la corriente que, en 1917, recibió el nombre de «derrotismo». Es necesario estudiarla, pues está estrechamente ligada a la evolución ulterior del bolchevismo y a nuestras polémicas contra nuestros adversarios políticos.

No sólo las dos fracciones del partido obrero (bolcheviques y mencheviques), sino aun casi toda la sociedad burguesa liberal, eran derrotistas. Este hecho demuestra que, cuando estaba oprimida por el zarismo, la burguesía no reculaba ante ningún medio de lucha; estaba dispuesta a ayudar a la derrota de su Gobierno en la guerra exterior, únicamente para obtener concesiones en la política interior. A los que quieran tener más detalles sobre esta cuestión les recomendaré la lectura de la recopilación *Contra la corriente*. Aquí me limitaré a demostrar por algunos hechos que, durante la guerra ruso-japonesa, la ola del derrotismo había inundado toda Rusia.

En 1904, un escritor liberal, monárquico convencido, desde luego, Boris Chicherin (pariente de nuestro comisario de Negocios Extranjeros), escribía:

> Las consecuencias de esta guerra ayudarán, en fin, a resolver la crisis interior. A este respecto, es difícil decir cuál es la solución más deseable de la guerra.

Esta última frase indicaba con bastante claridad que la derrota de la Rusia zarista era más deseable que su victoria; sin embargo, la censura la dejó pasar. ¿Puede imaginarse semejante lenguaje en boca de un burgués, en 1914? Evidentemente, no. Durante las cuatro primeras Dumas, en efecto, la autocracia zarista había tenido tiempo de ligarse más o menos a las capas superiores de la burguesía. Además, en 1914, la monarquía, exteriormente al menos, no era ya la misma que en 1904. Ya en la Conferencia del partido de diciembre de 1908, Lenin, en una resolución en que se hacía el balance del período 1905-1908 y se caracterizaba la política de Stolypin, decía que la autocracia había dado «un paso más hacia su transformación en monarquía burguesa». En 1914 ya se había efectuado cierto reparto del Poder entre los señores agrarios y la burguesía. Así, pues, esta última se condujo, respecto a la guerra, de otro modo que en 1904. En 1916, Miliukov pronunció en la Duma del Imperio un discurso, en el cual decía que, si la victoria sobre Alemania debía pagarse con la revolución, más valía renunciar a ella. El representante más clarividente de la burguesía declaraba abiertamente que la revolución era más de temer que la victoria de Alemania. En lo más álgido de la guerra, el burgués alemán era preferible, para Miliukov, al obrero y al campesino rusos, del mismo modo que ahora el burgués y el socialdemócrata alemanes están, a pesar del Tratado de Versalles, más cerca del burgués francés que del obrero comunista alemán. Comparada con la de Boris Chicherin, la declaración de Miliukov demuestra claramente el camino recorrido por Rusia desde 1904, así como el carácter de la evolución de nuestra burguesía.

Por consiguiente, en 1904, una parte importante de la burguesía deseaba la derrota de Rusia, esperando obtener así de la autocracia ciertas concesiones y compartir el Poder con los señores agrarios, que, de otro modo, jamás hubieran consentido en ello. La burguesía sabía muy bien que, si sus ejércitos eran victoriosos en el exterior, el zar no concedería ninguna constitución, y que el Poder continuaría en manos de los señores agrarios, cuya posición se consolidaría aún.

Otra razón por la cual la oposición burguesa rusa podía permitirse cierta crítica, en 1904, es que la guerra ruso-japonesa no podía, en ningún caso, llevar a un desastre tan formidable como el que podía surgir de la guerra de 1914-1918. Cualesquiera que fuesen las victorias de los japoneses, la existencia de Rusia no estaba en juego, y el poder de las clases dominantes estaba asegurado. En cuanto a los bolcheviques, su derrotismo durante la guerra mundial era muy distinto al de los socialistas revolucionarios, los mencheviques y los kadetes en 1904 y 1905. Internacionalistas convencidos, preconizaban y preparaban la revolución socialista mundial, en tanto que los socialistas revolucionarios, los mencheviques y los kadetes no eran, en 1904-1905, más que descontentos tímidos que presentían que la autocracia, atascada en la guerra con el Japón, se vería obligada a hacer ciertas concesiones políticas.

Los «recuerdos» de Guerchuni

El partido socialista revolucionario, que, en 1914-
1917, río escapó a la influencia del «patriotismo»,
era, en tiempos de la guerra ruso-japonesa, archide-
rrotista. A este respecto, citaré un pasaje de uno de
los jefes del partido socialista revolucionario, el difunto Guerchuni, que, encerrado entonces en la fortaleza de Pedro y Pablo, supo la nueva de la guerra y
de la derrota de las tropas rusas, por su defensor, el
abogado Karabtchevsky, a quien se había autorizado
a ir a verlo en la prisión. He aquí lo que escribe:

Esperaba con impaciencia el fin de toda esta comedia
y el momento en que me quedaría a solas con mi defensor, el único hombre a quien me estaba permitido
ver de los que no pertenecían a mis enemigos.

En fin, terminadas las formalidades, la puerta de la
celda se cerró y quedamos solos.

(Siguen diferentes preguntas.)

—¿Está aún Plehve en el Poder? ¿Vive aún?

—Sí, pero hay acontecimientos importantes, ¿Sabe
usted que se ha declarado la guerra?

—¿La guerra? ¿Con quién?

—Con el Japón. Algunos de nuestros cruceros han
saltado. Sufrimos derrotas.

—¿Es una segunda guerra de Crimea? ¿Port-Arthur = Sebastopol? ¿Ex oriente lux?

—Se diría.

—¿Y el país? ¿Cómo reacciona? ¿Está bajo la influencia del «patriotismo», se agrupa en torno al «jefe
soberano»?

—Si, algo hay de eso. Pero es en gran parte artifi-
cial... Mucho bluff. La guerra no es popular. Nadie la
esperaba y nadie la quiere...

En esta celda oscura de la prisión Pedro y Pablo —agrega Guerchuni— todo, para mí, como por encanto, se iluminó. Se sentía que algo infinitamente amenazador, infinitamente pesado, infinitamente triste, se acercaba, y que eso seria el trueno que despertaría a los que dormían y desgarraría el velo que ocultaba a las masas rusas el carácter verdadero del régimen zarista.

Más lejos, Guerchuni cuenta cómo sus compañeros de detención y él supieron, por un pedazo de periódico encontrado en el patio durante un paseo, la caída de Port-Arthur. Hábilmente interrogado, uno de los gendarmes de la fortaleza les confirmó la noticia. Es difícil describir los sentimientos que experimentaron entonces los prisioneros de Schlusselbourg. «Temblábamos de alegría, escribe Guerchuni; Port-Arthur había caído... La autocracia caería también.»

Esté era, hay que convenir en ello, un estado de espíritu francamente derrotista.

EL DERROTISMO EN LOS INTELECTUALES Y LOS TERRORISTAS

Desde luego, no era éste un caso particular de Guerchuni. En su novela *El corredor pálido,* publicada bajo el seudónimo de «Ropchin», Savinkov describe el estado de espíritu de su héroe, que desde el extranjero vuelve a Rusia para entregarse a la acción terrorista. En el camino conoce la derrota de la escuadra rusa en Tsushima, y los sentimientos más contradictorios se apoderan de su alma. Como ruso, lamenta la destrucción de la flota, las víctimas, los marinos muertos en el combate y ahogados; pero, como revolucionario, comprende que la derrota de

Tsushima presagia la victoria de la revolución, cuyo triunfo facilitará.

El mismo estado de espíritu se encuentra en las *Notas sobre la guerra ruso-japonesa*, de Veressaiev, escritor que ha reflejado siempre fielmente las diversas corrientes que han surgido entre los intelectuales rusos. Cada línea de su obra demuestra que casi todos los intelectuales eran derrotistas, porque comprendían muy bien que la derrota de la Rusia zarista en la guerra ruso-japonesa provocaría la victoria del movimiento libertador.

LOS BOLCHEVIQUES Y LA GUERRA RUSO-JAPONESA

Los bolcheviques se pronunciaron, sin la menor vacilación, en favor de la derrota completa de Rusia zarista. Cuando *Iskra*, transformada en menchevique, después de la dimisión de Lenin, lanzó la fórmula: «¡La paz a toda costa!», los bolcheviques la declararon errónea. No estamos, decían, en favor de la paz a toda costa; no somos pacifistas. Ciertas guerras son, en último resultado, útiles al pueblo.

Así, pues, en esta época ya el bolchevismo comenzaba, aunque en una forma insuficientemente precisa, a preconizar la transformación de la guerra imperialista en guerra civil.

LA POSICIÓN DE LOS MENCHEVIQUES

Los mencheviques, no sin vacilación, adoptaron también una actitud derrotista. En el Congreso socialista internacional de Amsterdam, en 1904, nuestro partido estuvo representado por dos delegaciones. Una, oficial, estaba dirigida por los mencheviques, dueños entonces del órgano central del partido. La otra, bolchevista, era poco numerosa y sólo tenía voz consultiva. En este Congreso participaba nuestro camarada Katayama, en calidad de representante del movimiento japonés. Su encuentro con Plejánov dio lugar a una escena de fraternización. Los dos revolucionarios se abrazaron, aplaudidos por todo el Congreso. Plejánov pronunció un discurso derrotista que provocó el entusiasmo general, y que resume él mismo en estos términos:

> Dije que, si el zar triunfase sobre el Japón, seria el pueblo ruso el vencido. Fortalecida por el prestigio de la victoria, la autocracia encadenaría aún más só-lidamente al pueblo ruso. Recordé al Congreso que el Gobierno zarista realiza desde hace largo tiempo una política de bandidaje y de usurpación; que se ha esfor-zado siempre por sojuzgar a sus vecinos débiles, y que ha rodeado, podríamos decir, la tierra rusa de un collar de nacionalidades vencidas, que le devuelven en odio lo que reciben en opresión. Y agregué que el pueblo ruso sufría tanto, si no más, de esta política que los otros, pues ningún pueblo puede ser libre si sirve para oprimir a sus vecinos. Al pronunciar estas palabras te-nía conciencia de expresar el pensamiento y los senti-mientos de la gran masa del pueblo ruso. Jamás la voz del partido socialdemócrata fue hasta ese punto la voz misma del pueblo ruso.

Y toda la Segunda Internacional, en su Congreso de Amsterdam, aprobó esas palabras del jefe men-chevista declarando que la victoria del zarismo sería la derrota del pueblo ruso.

Así, pues, bajo la presión de la atmósfera revolucionaria, cuando una parte de la misma burguesía se dejaba ganar por el derrotismo, los mencheviques también se dejaron arrastrar por la corriente general.

LA TRAICIÓN DE LOS MENCHEVIQUES

Son éstas circunstancias que no hay que olvidar, si se quiere comprender la traición de los mencheviques en la guerra mundial, durante la cual presentaban nuestra actitud derrotista como una traición inaudita hacia el pueblo ruso. En las jornadas de julio de 1917, hasta llegaron a afirmar que habíamos sido espléndidamente pagados por nuestro «derrotismo».

En los días en que no tenía aún el Poder, en que sufría a los señores agrarios, la burguesía rusa era, por el momento, francamente derrotista, y sus satélites, los mencheviques, la seguían. En 1922, Martov, en su *Historia de la socialdemocracia*, se esfuerza en demostrar la inexistencia del derrotismo entre los mencheviques durante la guerra ruso-japonesa. Martov escribe:

Los reveses de los ejércitos rusos engendraron en la sociedad liberal y en los círculos revolucionarios tendencias derrotistas caracterizadas. Se fortaleció la esperanza de que un desastre más completo derribaría el zarismo, casi sin nuevos esfuerzos por parte del pueblo. Al mismo tiempo, apareció una especie de «japonofilia», idealización del papel del imperialismo japonés. *Iskra* (es decir, los mencheviques que la dirigían entonces) se elevó contra el derrotismo, demostrando al pueblo y a los revolucionarios que no era su interés que la guerra terminase por la imposición de pesados sacrificios a Rusia y que se les trajese la libertad en la punta de las bayonetas japonesas.

LA JAPONOFILIA Y EL BOLCHEVISMO

Martov desnaturaliza aquí la verdad para obtener de la burguesía la absolución de sus pecados revolucionarios de antaño. Confunde voluntariamente dos cuestiones: la japonofilia y la campaña de *Iskra* contra la japonofilia. La simpatía por los japoneses no tenía nada de común con el derrotismo. Esa simpatía era tan manifiesta en ciertas fracciones de la sociedad liberal, que hasta se llegó, parece ser, a enviar telegramas de felicitación al Mikado. Este hecho no está absolutamente probado, pero la Prensa zarista lo señaló y lo explotó con ardor. En todo caso, nosotros, revolucionarios, combatimos la japonofilia. El emperador japonés, decíamos, no es mejor que el zar, y no esperamos la libertad de las bayonetas de sus soldados. Condenábamos las exageraciones de los liberales y de los revolucionarios superficiales, que estaban prestos (si es que no lo hicieron) a enviar telegramas al Mikado. En ese sentido, Martov tiene razón: cierto, estábamos contra la japonofilia; pero éramos también partidarios de la derrota del ejército zarista. Y Martov siembra voluntariamente la confusión al contar el hecho siguiente:

El líder de los «activistas» burgueses finlandeses, más tarde jefe del Gobierno finlandés de 1905, Konni Tsilliakus, propuso a Plejánov y a los representantes del Bund en el extranjero entrar en relaciones con los agentes del Gobierno japonés para discutir la ayuda a prestar a la revolución rusa, en armas y en dinero.

Martov agrega que esta proposición fue rechazada. Es verdad. Cuando los revolucionarios rusos, e incluso una parte de la burguesía, manifestaron francamente, su derrotismo, los japoneses trataron de conquistarnos proponiéndonos, por intermediarios, dinero y armas para nuestra lucha contra la monarquía zarista. Ni que decir tiene que semejantes ofrecimientos fueron rechazados con indignación por todos los revolucionarios honrados, por nuestra organización, como por la de Plejánov y los mencheviques. Estábamos en contra del zar ruso; pero de ahí no se deducía, ni mucho menos, que estuviésemos en pro del monarca japonés. Lo que no nos impedía, como impedía a los mencheviques, ser derrotistas.

Recordando esta época, A. Martinov (que, en 1905, era menchevique y redactor de *Iskra*) dice, entre otras cosas:

> Todos nosotros, mencheviques, éramos entonces derrotistas en el alma; pero la *Iskra* menchevista, incapaz de llevar hasta el fin su pensamiento, se limitó a adoptar la fórmula: ¡Abajo la guerra!

Aunque careciendo de lógica, y deteniéndose a la mitad del camino, los mencheviques fueron, durante la guerra ruso-japonesa, derrotistas.

CRECIMIENTO DEL MOVIMIENTO LIBERAL

En tanto que se desarrollaba la guerra ruso-japonesa, el movimiento liberal tomaba una extensión considerable, A las huelgas obreras y al movimiento estudiantil vino a agregarse una viva efervescencia entre los *zemtsi* liberales, que se daban cuenta de que la autocracia estaba atascada en un asunto del que no saldría. La burguesía liberal sentía que la guerra ruso-japonesa iba a provocar la concesión de la constitución, como la guerra de Crimea había traído la emancipación de los siervos, en 1861. Y cuantas más derrotas infligían los japoneses a las tropas del Gobierno zarista, que aparecía como el coloso de los pies de barro, más audaz, insolente incluso, se hacía la oposición burguesa rusa, gracias a la confusión que reinaba entonces en las relaciones sociales. Redoblando su audacia, comenzó a organizarse con una sorprendente rapidez. Su organización, evidentemente, revestía formas especiales. Cuando se manifiesta un movimiento en la clase obrera, toma ordinariamente la forma de huelgas, de manifestaciones y, en fin, de sublevaciones armadas. La burguesía liberal tiene otros procedimientos de lucha: reuniones, banquetes, peticiones. Los *zemtsi* más significados, algunos de los cuales eran de familia principesca, realizaron una campaña sistemática en las Asambleas provinciales. Redactaban resoluciones, que titulaban «mensajes», y que enviaban al zar después de cubrirlas con sus firmas. En ellas invitaban al «soberano» a escuchar la «voz del país» (es decir, *la suya*) y a dar al pueblo una Constitución que los llamaría al Poder.

Pronto el movimiento liberal alcanzó su apogeo: se envió una diputación al zar. A todo esto es a lo que podían atreverse los liberales.

LAS RELACIONES ENTRE LA CLASE OBRERA Y LA BURGUESÍA EN 1904

Este despertar de la burguesía rusa a la vida política planteó de nuevo, de una manera particularmente aguda, la cuestión de las relaciones entre el proletariado y la burguesía, cuestión con la cual hemos tropezado en todas las etapas de la historia del partido y a la cual se reducen, en último término, todos nuestros desacuerdos con los mencheviques. Ya se había planteado, como hemos visto, en la época del marxismo legal y en el momento de la lucha contra los *naródniki,* contra Struve, contra los «economistas», así como en el segundo Congreso del partido, cuando se presentaron las resoluciones adversas Lenin-Plejánov y Martov-Axelrod. Pero, en 1904, esta cuestión pasaba del dominio de la teoría al de la política práctica. La burguesía liberal entraba en acción; la clase obrera debía determinar su actitud respecto a ella. Y en torno a esta cuestión se manifestaron, precisamente, profundos desacuerdos entre los mencheviques y nosotros.

Los mencheviques propusieron un plan especial, con ocasión de la campaña de los *zemstvos.* La clase obrera, según ellos, debía enviar representantes a las Asambleas regionales, donde los *zemtsi* liberales examinaban la situación en Rusia y dirigían peticiones al zar. Estos representantes tendrían el mandato de significar a los nobles y a la burguesía liberal que los obreros los sostendrían e irían con ellos, si continuaban enérgicamente su campaña de peticiones. Los mencheviques insistían particularmente en que no había que asustar a la burguesía liberal con reivindicaciones proletarias excesivas. *Iskra* menchevista escribía, en sustancia:

> Si se examina la arena de la lucha política, ¿qué se ve? Dos fuerzas solamente: la autocracia zarista y la burguesía liberal, que se ha organizado y ejerce ahora una influencia considerable. La clase obrera está diseminada, y no puede hacer nada; como fuerza autónoma,

no existimos, y por eso debemos sostener, alentar a la burguesía liberal, y no asustarla en ningún caso con reivindicaciones puramente proletarias.

Esta manera de plantear la cuestión demuestra claramente cuál era el plan de los mencheviques. La clase obrera, como fuerza independiente, no puede entrar en línea de cuenta. Quedan solamente dos fuerzas: el zarismo y la burguesía liberal. ¿Cuál es preferible? Evidentemente, la burguesía liberal. Conclusión: es preciso sostenerla.

Así manifiestan claramente los mencheviques su oportunismo y su tendencia a hacer bloque con la burguesía.

LA POSICIÓN DE LENIN

Este plan menchevista, que provocó el primer desacuerdo práctico importante después del segundo Congreso, donde había comenzado a formarse el partido bolchevique, fue vigorosamente combatido por Lenin. Los artículos y folletos escritos por Lenin sobre este tema pueden considerarse como los primeros documentos políticos importantes del bolchevismo. El que quiera comprender la historia de nuestro partido debe estudiarlos a fondo. Respondiendo a los mencheviques, Lenin decía:

> Nos pedís que no asustemos a los liberales ni a los nobles liberaloides; pero ¿no veis que sois vosotros mismos quienes tenéis miedo a la sombra del liberal asustado? Pretendéis que no hay más que dos fuerzas dignas de ser tenidas en cuenta: la autocracia zarista y la nobleza liberal. Pero no habéis observado que, además de estas

dos fuerzas, existe otra, formidable, soberana: la clase obrera. Esta ha crecido políticamente, se desarrolla y se organiza rápidamente, en previsión de la revolución, y aunque su partido sea clandestino y aunque ella misma esté perseguida, es la fuerza motriz, principal, de la revolución. Habéis olvidado que el proletariado tiene su misión particular y que su papel no es simplemente optar entre el zar y Roditchev, entre la autocracia y la constitución liberal. Habéis olvidado que la clase obrera tiene su camino distinto, camino que conduce a la unión con los campesinos, a la verdadera revolución popular, que desarraigará la monarquía, abolirá las supervivencias del feudalismo, realizará la dictadura del proletariado y de los campesinos, debilitará a los *pomiestchiks* y será el primer paso hacia una revolución proletaria verdadera.

Inspirándonos en estos puntos de vista de Lenin, nosotros, bolcheviques, propusimos otro plan. Cuando la burguesía comience a crear dificultades a la monarquía, declaramos, debemos obrar como fuerza autónoma, descender a la calle, saquear los comisariados de policía, etcétera. Este último punto desagradó particularmente a los mencheviques, que comenzaron a cubrirnos de sarcasmos. ¿Nos tomáis por bandidos?, decían. ¿Qué hay de revolucionario en el hecho de saquear los comisariados de policía? Según ellos, importaba mucho más ir a las Asambleas provinciales de los nobles liberales y sostenerlos, «sin asustarlos».

¿Desempeñaría la clase obrera un papel independiente en la revolución, o se arrastraría a remolque de la burguesía liberal? ¿Sería un simple satélite de la burguesía, su ala izquierda, o bien la fuerza motriz, principal, de la revolución, que modificase con su intervención la correlación de las fuerzas de clase? Esta era la cuestión.

LOS REVOLUCIONARIOS ABANDONAN
LAS FILAS DEL MENCHEVISMO

Fue en el momento de la campaña de los *zemstvos* cuando Parvus y Trotski,[1] que habían sostenido

1 El trotskismo, durante varios años, representó una corriente más o menos determinada en el obrerismo ruso. En 1903, en el segundo Congreso del partido, Trotski se colocó al lado de los mencheviques. En 1904 publicó su folleto *Nuestras tareas políticas*, que fue editado por los mencheviques, y que iba dirigido contra la antigua *Iskra*, y principalmente contra *¿Qué hacer?* y contra el nuevo folleto de Lenin: *Un paso adelante, dos pasos atrás*. En él declaraba que entre la antigua *Iskra* (de Lenin) y la nueva (dirigida por los mencheviques) había un abismo, y prestaba así, sin quererlo, un gran servicio al bolchevismo, reconociendo abiertamente el carácter revisionista de la nueva *Iskra*.

En 1905, Trotski y Parvus estaban a la izquierda del menchevismo, separándose del centro en la cuestión de la burguesía. Sin embargo, en el periódico Natchalo (que aparecía en San Petersburgo) y en el primer soviet de diputados obreros, Trotski continuó trabajando con los mencheviques-, si bien defendía sus puntos de vista particulares. Su teoría de la revolución permanente lindaba con el menchevismo en que negaba el papel revolucionario de los campesinos en nuestro país: éste era su defecto capital.

En el curso del año 1906, Trotski colabora en algunas publicaciones bolchevistas.

En 1907, en el Congreso de Londres, Trotski interviene en algunas cuestiones en calidad de socialdemócrata al margen de las fracciones, pero, en conjunto, continúa haciendo bloque con los mencheviques. En este Congreso, sostiene que Prokopóvich puede y debe ser miembro del partido.

A partir de 1909, Trotski comienza a aproximarse a los mencheviques liquidadores. Sostiene que el partido obrero debe ser la suma de las diferentes tendencias, de las diferentes fracciones, de los diferentes grupos y corrientes. Lenin se eleva enérgicamente contra esta concepción del papel del partido.

Al principio de la discusión entre bolcheviques y liquidadores, Trotski no sostenía abiertamente a estos últimos. Reconocía que se equivocaban en muchos puntos. Pero concedía al liquidacionismo carta de naturaleza en el partido obrero. «Vive y deja que los otros vivan en paz», era, en el fondo, su divisa. Dicho de otro modo, el partido, en lugar de ser una organización fundida en un solo bloque, se convertía en un conglomerado de fracciones y de corrientes.

De 1910 a 1912, Trotski publica en Viena un periódico obrero popular, Pravda, que trata de elevarse por encima de las fracciones, pero que, en realidad, sostiene a los mencheviques liquidadores.

hasta entonces a los mencheviques, comenzaron a separarse de ellos, viendo que preconizaban, en suma, la alianza con la burguesía. Del mismo modo, todos los revolucionarios que hasta entonces habían tomado nuestros desacuerdos por querellas sin importancia y que comprendían, en fin, que se trataba del papel histórico de la clase obrera en la revolución, del carácter mismo de la revolución rusa, vinieron a engrosar las filas del bolchevismo. Esto fue el principio de un período de consolidación para nuestro partido, que, como la esponja absorbe el agua, comenzó a atraer a él a los elementos más revolucionarios de la socialdemocracia, en fin convencidos de que los bolcheviques estaban en el buen camino.

Conviene decir aquí algunas palabras sobre las cuestiones concernientes a la vida interior y a la organización del partido, en torno a las cuales nos separamos francamente de los mencheviques.

De 1911 a 1913, Trotski es uno de los principales organizadores del «Bloque de agosto», es decir, del bloque formado por los mencheviques y los liquidadores en agosto de 1911, en la conferencia de Viena, que resolvió emprender una lucha implacable contra los bolcheviques. Cuando comenzaron a aparecer en San Petersburgo dos diarios legales, Lutch, órgano de los liquidadores, y Pravda, órgano de los bolcheviques, Trotski es uno de los colaboradores más caracterizados de Lutch. Al mismo tiempo, colabora igualmente en la revista teórica de los liquidadores, Nacha Zaria, editada por A. Potressov.

En 1914, al principio de la guerra, se produce un reagrupamiento serio en la socialdemocracia. Trotski toma resueltamente posición contra la guerra imperialista y contra los jefes de la Segunda Internacional. Sin embargo, se niega a colaborar en la revista bolchevista El Comunista, y con L. Martov y algunos bolcheviques conciliadores emprende en París la publicación de Nache SLOVO. A pesar de su carácter internacionalista y de sus críticas contra la Segunda Internacional, este periódico continúa defendiendo la fracción Tchkeidze contra Lenin y los leninianos.

Después de la revolución de febrero, Trotski participa, primero, en la fracción «Interradio», de Petrogrado, y después, en junio o julio de 1917, da su adhesión al partido bolchevique.

Discusión sobre la
democracia en el partido

En 1904 y 1905 la cuestión de la democracia en el partido adquirió una importancia excepcional. El debate que surgió a este respecto es sumamente interesante y su estudio puede aclarar considerablemente algunas de las discusiones actuales. Los mencheviques eran partidarios de la «democracia consecuente», de la electividad en el partido, en tanto que los bolcheviques, Lenin el primero, combatían abiertamente este principio. Puede parecer extraño a nuestros jóvenes camaradas que los bolcheviques se hayan opuesto a la democracia y al sistema electoral en el partido, en tanto que los mencheviques sostenían una y otro. Pero un examen rápido de la situación les demostrará que teníamos razón.

Los mencheviques no creían que el proletariado pudiese desempeñar un papel independiente en la revolución y que nos fuese posible, en régimen autocrático, constituir un partido proletario serio. Como ya he dicho, querían un partido en que pudiesen entrar fácilmente el estudiante y el profesor. Pensaban que nuestro partido sería siempre un partido de intelectuales. Por consiguiente, buscaban una estructura que diese al intelectual su parte de derechos, le garantizase contra la «opresión», le permitiese votar, oír informes; en una palabra, que le hiciera gozar de la «democracia», «como en Europa».

Los bolcheviques, por boca de Lenin, replicaban:

> Somos partidarios de la democracia, pero solamente cuando sea realmente posible. Hoy, la democracia sería una tontería, y no queremos esto, pues necesitamos un partido serio, capaz de vencer al zarismo y a la bur-

guesía. Reducidos a la acción clandestina, no podemos realizar la democracia formal en el partido. Necesitamos una organización de revolucionarios profesionales probados, que hayan demostrado, en largos años de trabajo, que están prestos a dar su vida por la revolución y por el partido. Todos los obreros conscientes que han comprendido la necesidad de derribar la autocracia y de combatir a la burguesía saben que, para vencer al zarismo, necesitamos en este momento un partido clandestino, centralizado, revolucionario, fundido en un solo bloque. Bajo la autocracia, con sus represiones feroces, adoptar el régimen electoral, la democracia, es simplemente ayudar al zarismo a destruir nuestra organización y facilitar a los confidentes y a los provocadores el descubrimiento de los revolucionarios.

Demagogos consumados, los mencheviques atrapaban a los obreros inexpertos y les hacían escribir cartas, que publicaban después, declarando: «Ya lo veis: los mismos obreros quieren la electividad; no concediéndola, los vejáis y los fatigáis». Así es como el obrero Glebov-Putilovsky, de San Petersburgo, escribió un folleto sumamente confuso en favor de la democracia, que los mencheviques publicaron inmediatamente con un prefacio, en el cual Axelrod declaraba: «Todo el proletariado habla por boca de Glebov; todos los obreros reivindican el derecho electoral, que vosotros les negáis».

Lenin respondió con el artículo «La bella jaula no alimenta al pájaro», en el cual decía en sustancia:

Nosotros, bolcheviques, conocemos a los obreros. Son partidarios de la democracia, como nosotros, pero la acción les importa más que las palabras. Los obreros conscientes quieren en el partido relaciones fraternales de revolucionario a revolucionario, es decir, la democracia proletaria verdadera, y no una democracia verbal, puramente exterior. Cuando sea posible en el partido la electividad íntegra, seremos los primeros en realizarla. Con vuestras historias de electividad y de democracia pura bajo el régimen zarista, vosotros, mencheviques, no hacéis más que distraer la atención de las cosas importantes. El obrero serio comprende que la democracia no es un fin en sí, sino un medio para la liberación de la clase obrera. Damos al partido la estructura que corresponde mejor a las necesidades de nuestra lucha en este momento. Lo que necesitamos hoy es una jerarquía y un centralismo riguroso.

Es claro que en este tiempo los mencheviques se esforzaban en entretener a los trabajadores con ayuda de la «democracia», en cogerlos con este anzuelo. «Proponemos el sistema electoral, clamaban, y los bolcheviques se oponen; ¡obreros, los bolcheviques están contra vosotros; por consiguiente, venid, pues, con nosotros!» Pero los obreros comprendieron pronto de lo que se trataba.

DOMINACIÓN DE LOS MENCHEVIQUES

Es sabido que, en el segundo Congreso, los bolcheviques se habían apoderado del Comité central, del órgano central y del Consejo del partido. Este Consejo estaba compuesto por dos representantes del Comité central, dos representantes del órgano central del partido (entonces en el extranjero) y de un quinto miembro, el presidente, elegido por el Congreso mismo. Este presidente fue Plejánov. Teníamos, pues, la mayoría en el Comité central, en *Iskra* y en el Consejo del partido.

Pero cuando, al cabo de algunos meses, Plejánov cambió completamente y una parte de los miembros del Comité central fueron detenidos en Rusia, la situación se modificó. En primer lugar, el órgano central del partido, *Iskra,* pasó a los mencheviques. Después, el Comité central se nos escapó de las manos, pues, después de la detención de nuestros camaradas, cooptó mencheviques. En fin, Plejánov, al pasar a los mencheviques, les dio la mayoría en el Consejo del partido. En un tiempo relativamente corto perdimos, pues, todas nuestras posiciones centrales. Los mencheviques tenían en sus manos el Comité central, el periódico y el Consejo del partido. El triunfo de Martov era completo.

Esta situación era particularmente penosa para nosotros. En ese tiempo, los jefes mencheviques gozaban de una gran autoridad en el partido. Lenin, a pesar de toda su influencia, no era aún más que un joven, en comparación con Plejánov, y la antigüedad tenía, evidentemente, una gran importancia. Recuerdo las conversaciones en las cuales Plejánov trataba de asustarnos a nosotros, jóvenes miembros del partido: «¿A quién seguís? ¡Ved los que están en nuestro campo: Martov, Axelrod, Sassulitch, yo y tantos otros! De vuestro lado no hay más que Lenin. ¿No comprendéis que, en algunos meses, todo el mundo se burlará de vuestro Lenin? ¡Y vosotros le seguís!» Viniendo de un hombre que había prestado servicios considerables al partido, y a quien sostenían todos los antiguos militantes, esas palabras no podían dejar de hacer impresión en muchos de nosotros.

La situación de los bolcheviques, lo repito, era sumamente penosa. Y se complicaba aún por el hecho de que era imposible recurrir al partido, entonces reducido a la acción clandestina y sometido a las persecuciones del zarismo.

El secretariado de los comités de la mayoría

Esta situación demostró a los bolcheviques la necesidad imperiosa de constituirse en una organización especial. Después de haber reflexionado largamente y examinado la cuestión bajo todos los aspectos, Lenin, viendo que no había otra salida, se decidió a la escisión. Estaba igualmente influido, en cierta medida, por los Comités rusos y por la juventud bolchevista, más impaciente, que declaraba: «Vamos a dejar pasar el momento; se aproximan grandes acontecimientos (era poco antes del 9 de enero); es preciso organizar nuestro partido.»

En esto, numerosas Conferencias regionales del partido establecieron un plan de constitución en Rusia de un «Secretariado de los Comités de la mayoría», opuesto al Comité central menchevique. Este plan fue aprobado, y se fundó una organización central panrusa de los bolcheviques, que entró inmediatamente en lucha contra el Comité central menchevique, y Lenin dio su consentimiento definitivo a la constitución de una fracción distinta.

Editamos entonces el primer periódico bolchevista, *Vperiod* (¡*Adelante!*), que apareció a principios de 1905, en Ginebra. Sostenido por las modestas cotizaciones de los bolcheviques simpatizantes, este periódico continuó la obra de la antigua *Iskra* de Lenin y sentó las bases de la táctica de los bolcheviques.

Así, pues, a principios de 1905, los bolcheviques tenían en Rusia el Secretariado de los Comités de la mayoría, y en el extranjero su órgano *Vperiod*. Por su parte, los mencheviques disponían del Comité central, del órgano central y del Consejo del partido.

EL 9 DE ENERO

El partido estaba aún reducido a la clandestinidad, dividido por la lucha de dos corrientes que tendían a solidificarse, cuando sobrevinieron los acontecimientos del 9 de enero. No los describiré, pues los conocéis. El hecho de que la masa obrera sin partido descendiese a la calle e invadiese la plaza del Palacio de Invierno demostró que los mencheviques se equivocaban gravemente cuando pretendían que no había más que dos fuerzas en presencia: el zarismo y la oposición burguesa. El 9 de enero probó que había otra. La masa obrera, es verdad, no sabía aún lo que quería; estaba inorganizada, no tenía jefes suyos y ponía a su cabeza a caudillos de ocasión; inconsciente, iba al combate llevando iconos, y se dejaba fusilar, sin poder responder; sin embargo, existía, manifestaba su actividad y comenzaba a constituir un factor político poderoso.

La manifestación del 9 de enero conmovió a toda Rusia, y tuvo otra importancia que las peticiones y resoluciones liberales. El 9 de enero, la masa obrera demostró que estaba viva y que el deber de los verdaderos revolucionarios no era dirigirse a los Estados provinciales y hacer antesala para hablar con los *zemtsi,* sino ponerse a la cabeza del movimiento obrero que acababa de estallar en tempestad y que no tenía aún ni jefes, ni programa político claro.

En una palabra, la masa obrera era un cuerpo sin cabeza. Había que darle una. El partido debía unirse a esta masa, conducirla por la vía histórica del proletariado.

El 9 de enero y los acontecimientos posteriores pusieron en el primer plano a algunas personalidades al margen de los partidos. El hecho es comprensible, pues nuestro partido, entonces clandestino, no podía ligarse tan estrechamente como hubiera sido necesario a la masa obrera sublevada.

Entre los agitadores que aparecieron entonces, citemos a Gapon, y después a Khrustalev y al teniente Schmidt, hombres muy diferentes unos de otros y todos recién venidos a la revolución. Gapon, que desempeñó un gran papel el 9 de enero, era un provocador, como se reconoció más tarde, y fue ejecutado por los revolucionarios. Khrustalev, que, más tarde, abandonó el partido, era, poco más o menos, un aventurero. El teniente Schmidt, figura bastante atractiva, no era un revolucionario proletario consciente. Sus cartas a uno de sus parientes han aparecido recientemente. Os aconsejo su lectura, pues presentan un gran interés como documento humano y tocan, en particular, algunas cuestiones de ética individual. Schmidt se nos aparece como un hombre profundamente devoto por la causa de la revolución, que va tranquilamente a la muerte por ella, pero sin ninguna norma política. En una carta escribe, en sustancia: «Tengo que ver a Miliukov y examinar con él los asuntos importantes; espero entenderme con él; iremos de acuerdo.» Así, pues, Schmidt era, al principio, medio kadete. Esto no nos impide inclinarnos ante su tumba: ha muerto heroicamente por la revolución.

La significación del 9 de enero

Como se ve, el movimiento puso en el primer plano a personalidades inesperadas, que no tenían programa claro y no sabían cómo guiar a las masas en efervescencia. Este mismo Schmidt, que dirigió la sublevación de la flota del Mar Negro, soñaba, al mismo tiempo, entenderse con los kadetes, es decir, con el partido de los grandes propietarios agrarios y de la monarquía. Así, pues, no es sorprendente que estas tres personalidades —grande cada una a su manera— que surgieron en 1905 no hayan desempeñado más que un papel episódico, pues no estaban sólidamente ligadas a la clase obrera.

El 9 de enero de 1905 puso al orden del día la cuestión de saber cómo debería dirigir el partido el poderoso movimiento de los obreros, que se lanzaban al combate, pero no sabían lo que querían, no tenían programa e iban hacia el Palacio de Invierno con iconos y banderas. Al mismo tiempo, el 9 de enero destruyó en toda Rusia la fe en la monarquía, con la rapidez del rayo. No es esto una exageración. Obreros que, la víspera aún, creían en la monarquía y pensaban que sólo los ministros eran malos, vieron que su más terrible enemigo era precisamente la autocracia, el zar.

DISCUSIÓN SOBRE LA REIVINDICACIÓN: «GOBIERNO PROVISIONAL REVOLUCIONARIO»

El 9 de enero planteó en toda su amplitud, ante nuestro partido, la cuestión del Poder, o, como se decía entonces, de la participación en el Gobierno provisional revolucionario. Los bolcheviques, con todas sus fuerzas, sostenían la fórmula: «Organización de una sublevación armada y constitución de un Gobierno provisional revolucionario.» Pero los mencheviques le combatieron enérgicamente. Y de nuevo, hecho característico, oponían a la participación en este Gobierno argumentos aparentemente «marxistas». ¿Cómo nosotros, socialistas, decían, podríamos participar en un Gobierno que no fuese socialista? Y se referían a la experiencia lamentable del millerandismo.

Como es sabido, Millerand fue antaño socialista, e incluso socialista de izquierda. Pero se dejó corromper por la burguesía y consintió en participar en el Poder. Aceptó una cartera en un Gabinete burgués, declarando: «Entro en el Ministerio para defender en él los intereses de los obreros.» Pero, incluso si lo hubiese querido, Millerand no hubiera podido cumplir esa tarea, y, poco a poco, se convirtió en el agente directo de la burguesía.

Todos los marxistas ortodoxos se elevaron contra Millerand, y, en el Congreso de Amsterdam, la Segunda Internacional se pronunció contra él. En este Congreso se produjo el famoso duelo entre Bebel y Jaurés, que defendía, en cierta medida, la táctica menchevista. Bebel, que estaba en contra de la participación ministerial, triunfó, y se decidió que en ningún caso los socialistas podrían entrar en un Gobierno burgués, donde no serían más que rehenes, agentes de la burguesía. En efecto, al cabo de un año apenas de ejercicio del Poder, Millerand hacía tirar ya sobre los obreros huelguistas.

Personalmente, Jaurés era un hombre de una pureza cristalina. Amando profundamente al proletariado, pagó con su vida su devoción por la clase obrera. Pero, por su ideología, era reformista, y, al principio de su carrera de ministro, Millerand explotó repetidas veces su buena fe y su idealismo. Más tarde sostuvo una lucha vigorosa contra Millerand y sus congéneres; pero continuó fiel a los principios del reformismo, que trataba de defender en la Internacional.

Los mencheviques no dejaron de explotar contra nosotros la experiencia del millerandismo. Ved, decían, adonde ha llevado el millerandismo. ¿Cómo, después de ese ejemplo, podríamos participar en un Gobierno provisional revolucionario en Rusia? Permitidnos, respondíamos; omitís un detalle importante: en Francia, Millerand ha entrado en un Gobierno burgués estable, en un momento que no tenía nada de revolucionario. Para hablar simplemente, se ha vendido a la burguesía. Pero en nuestro país, en 1905, se trata de derribar al zar, cuyo trono se tambalea ya. Para eso es preciso constituir, en el curso de la lucha, una organización revolucionaria central obrera y campesina; en otros términos: un Gobierno provisional revolucionario. Y los representantes de la clase obrera deben participar en ese Gobierno, incluso si su efectivo no es puramente proletario, pues es preciso crear un centro de organización que asegure la victoria de la revolución.

EL PUNTO DE VISTA DE LOS MENCHEVIQUES SOBRE EL GOBIERNO PROVISIONAL REVOLUCIONARIO

Pero los mencheviques persistieron en su opinión, lanzando a la circulación sofismas, embrollando los hechos y no cesando de repetir a los obreros que, puesto que la revolución debía tener un carácter burgués, no correspondía al partido proletario enarbolar la fórmula del Gobierno provisional revolucionario. Estimaban que la revolución se detendría en la creación de la monarquía constitucional, o, en la hipótesis más favorable, en la instauración de una República burguesa ordinaria. No creían en la misión revolucionaria del proletariado, y ponían toda su esperanza en la burguesía liberal. Consideraban que los obreros no debían pensar en tomar el Poder, que debían limitarse a luchar en el terreno económico y a sostener a los *zemtsi* liberales. El Gobierno provisional revolucionario, o, más bien, el Gobierno monárquico-constitucional, Miliukov sabría organizado. Así, pues, en 1917, los mencheviques estuvieron encantados de que Miliukov se encontrase allí para aceptar, de los socialistas revolucionarios y de ellos, el Poder conquistado por los obreros.

Se ve por qué los mencheviques se pronunciaban contra la idea del Gobierno provisional revolucionario. Sus argumentos, ortodoxos a primera vista, no eran, en realidad, otra cosa que oportunismo. Fieles a su táctica, utilizaban todo, hasta la terminología marxista, para eliminar a los obreros del Poder e impedirlos que fuesen la clase directriz. Deseosos, al parecer, de preservar al proletariado de todo contacto «impuro», y combatiendo la fórmula bolchevista: «Dictadura del proletariado y de los campesinos», se elevaban contra la aproximación de obreros y campesinos. Pero, después de la revolución de febrero, no cesaron de hacer bloque con los Chernov, los Savinkov y los Kérenski, es decir, con la fracción más contrarrevolucionaria del partido «campesino».

TERCER CONGRESO DE LOS BOLCHEVIQUES EN LONDRES Y PRIMERA CONFERENCIA DE LOS MENCHEVIQUES EN GINEBRA

A mediados del año 1905 se celebró el tercer Congreso del partido, en el cual sólo participaron los bolcheviques y que, por consiguiente, puede considerarse como su primer Congreso. Disponiendo de la Prensa, del Comité central y del Consejo del partido, los mencheviques decían que no tenían necesidad de Congreso. En efecto, todo el poder estaba en sus manos. Por consiguiente, nosotros, bolcheviques, nos vimos obligados a convocar un nuevo Congreso para salir de esta, situación. Como los mencheviques se oponían categóricamente a su celebración, nos rebelamos contra la prohibición del Comité central, y el Congreso, convocado por el Secretariado de los Comités de la mayoría, se celebró en Londres, a mediados del año 1905. Al mismo tiempo, los mencheviques reunieron en Ginebra lo que ellos llamaron la «primera Conferencia panrusa».

Así, pues, en el verano de 1905, en vísperas de la revolución, hubo una revista de las fuerzas bolchevistas en el tercer Congreso, en Londres, y otra de las fuerzas menchevistas, en la primera Conferencia panrusa, en Ginebra. En esas asambleas, cada fracción determinó su táctica en la revolución, pues todos sentían que la hora decisiva se aproximaba.

El tercer Congreso tuvo una gran importancia. Su principal mérito fue dar un plan de relación de la huelga general con la insurrección armada. Esta idea nos parece hoy, como muchas otras, muy vulgar, pero entonces era completamente nueva.

LA CUESTIÓN DE LA HUELGA GENERAL

En este tiempo, la socialdemocracia internacional rechazaba, en efecto, la idea de la huelga general. Se repetía entonces en la Segunda Internacional la frase de Auer, jefe oportunista del partido alemán: *Generalstreik ist Generahinsinn* (La huelga general es un contrasentido general). Si pudiéramos, decía Auer, desencadenar la huelga general, de manera que todos los obreros abandonaran el trabajo, podríamos igualmente hacer la revolución. Si, por otra parte, fuéramos tan fuertes como todo eso, no tendríamos necesidad de huelga general; si, por el contrario, somos demasiado débiles, no llegaremos a desencadenar la huelga general, y es inútil hablar de ella. Por consiguiente, concluía Auer, la huelga general es un contrasentido. Los mencheviques repetían su argumento. De hecho, nadie pensaba entonces seriamente en la huelga general. Una huelga de dos días que había estallado en Bélgica, en favor del sufragio universal, se consideró como un argumento formidable y provocó innumerables comentarios y estudios, notablemente por parte de Rosa Luxemburgo.

En presencia de esta actitud de la Segunda Internacional y de los mencheviques, el tercer Congreso prestó un gran servicio al movimiento revolucionario, declarando que la huelga general no era un contrasentido; que estaba en Rusia a la orden del día, y que la realizaríamos.

LA CUESTIÓN DE LA INSURRECCIÓN ARMADA

La cuestión de la insurrección armada se planteaba de una manera aún más aguda. La Segunda Internacional ni siquiera quería oír hablar de ella, y, refiriéndose a un prefacio de Engels, la consideraba como una táctica anarquista. En este prefacio, Engels llamaba la atención sobre el desarrollo desenfrenado de los ejércitos burgueses y sobre la apertura, en las grandes ciudades, de anchas arterias, que hacían imposibles los combates de barricadas. De ahí concluía que, en estas condiciones, la insurrección armada era cosa muy difícil, pues corría el riesgo de ser aplastada en algunas horas por la burguesía. Todos los oportunistas explotaban, a quién más podía, este prefacio, afirmando al unísono que la sublevación armada era imposible, y que Engels lo había «probado». Olvidaban que en Rusia las condiciones eran distintas que en Europa occidental, donde, por otra parte, las guerras imperialistas podían modificar completamente el estado de espíritu de las tropas. Por otra parte, está probado ahora que este prefacio de Engels había sido considerablemente modificado, por las necesidades de su causa, por los líderes oportunistas de la social-democracia alemana.

Sobre este punto, igualmente, nuestro tercer Congreso prestó un servicio excepcional al movimiento revolucionario, poniendo al orden del día la insurrección armada, declarándola posible y demostrando que los oportunistas interpretaban a Engels de una manera errónea. Además, como si previese los acontecimientos de 1905, primero, y de 1917, después, propuso la combinación de la huelga general y de la insurrección armada.

SERVICIOS PRESTADOS POR EL
TERCER CONGRESO

Así, pues, el tercer Congreso sentó sólidamente las bases de la táctica bolchevista y trazó un programa preciso para la revolución inminente. No hay que olvidar que se reunió dos o tres meses antes de los acontecimientos decisivos de 1905. Los partidos revolucionarios del mundo entero consideraron sus disposiciones como un ejemplo notable de la manera cómo el pensamiento marxista revolucionario puede, si está en relación con el movimiento obrero de masas, prever el camino que seguirá la revolución. En efecto, este Congreso dio prueba de una perspicacia verdaderamente profética, notablemente en lo que concierne a los acontecimientos que iban a desarrollarse en Rusia.

LA CUESTIÓN DEL ARMAMENTO DE LOS OBREROS

Entretanto, los mencheviques modificaban y perfeccionaban su programa oportunista. En su Conferencia panrusa desarrollaron una idea muy diferente, de la nuestra: la de la «autonomía administrativa revolucionaria». Se preparaban a «sacar partido» de la Duma de Buliguin,[1] que los bolcheviques proponían que se boicotease, y examinaban desde un punto de vista oportunista todas las cuestiones que estaban al orden del día. La manera como consideraban, por ejemplo, la cuestión del armamento de los obreros es una prueba irrefutable.

Esta cuestión parece, en nuestros días, elemental; pero en aquellos tiempos de desarrollo apacible de la Segunda Internacional, cuyos jefes temían al ruido de los disparos como a la peste, hablar de armamento de los obreros parecía a muchos una especie de delirio furioso. Y cuando el tercer Congreso del partido proclamó la necesidad del armamento de los obreros, los mencheviques, en su Conferencia panrusa, gritaron que eso era anarquismo y *putchismo*. En lugar de dar fusiles a los obreros, decían, es preciso comenzar

---

1 Los mencheviques proponían proceder, al mismo tiempo que se celebrasen las elecciones para la Duma Buliguin, a elegir una «Duma popular», sin permiso de las autoridades. Evidentemente, este plan «genial» no podía conducir a nada.

por inculcarles «la idea de la necesidad de armarse». Consideráis a los obreros rusos como a niños, les respondíamos nosotros; comprenden perfectamente la necesidad de armarse, y lo que les hace falta son fusiles para ir contra el zar y contra la burguesía.

Como se ve, bolcheviques y mencheviques se diferenciaban profundamente. De un lado, una falange obrera combativa que se preparaba para la revolución; de otro, mía banda de politicastros disertando sobre la manera de inculcar a los obreros «la idea de la necesidad de armarse», sobre la participación en la Duma Buliguin, sobre la autonomía administrativa revolucionaria, es decir, sobre las mejoras que debían introducirse en los *zemstvos* y en los Ayuntamientos.

La Comisión Chidlovsky

Después de los acontecimientos del 9 de enero, la autocracia tuvo que hacer algunas concesiones a los obreros. A este fin creó lo que se ha llamado la Comisión Chidlovsky, de la cual, ciertamente, muchos obreros de San Petersburgo se acuerdan. El zar designó para presidir esta Comisión al senador Chidlovsky, y propuso a los obreros que enviasen sus representantes, que, con los otros miembros de la Comisión, debían examinar las cuestiones relacionadas con el mejoramiento de sus condiciones de existencia, inspirándose en las reivindicaciones de Gapon. Esta Comisión, ni que decir tiene, dejó de lado las cuestiones políticas fundamentales y se ocupó de detalles sin importancia. Sin embargo, había que utilizarla, como toda posibilidad legal, y es lo que hicimos. Pero los mencheviques construyeron en torno a ella toda una filosofía, y se arrojaron sobre la Comisión como las moscas sobre el azúcar.

La Duma Buliguin

Entretanto, el movimiento obrero tomaba cada vez más extensión; la «Unión de las Uniones»[1] (1) se organizaba; el movimiento campesino se intensificaba; en el ejército y en la flota, sobre todo en la flota de guerra, comenzaba a manifestarse el espíritu de insurrección que debía llevar a la sublevación del acorazado *Potemkin*.

La autocracia zarista pensó entonces en reformas más importantes, y decidió convocar una Duna. En consecuencia, el zar confió a Buliguin la misión de elaborar una ley electoral. La intención de la Corte era convocar una Duma sin derechos serios, una especie de organismo consultivo, que presentase sus opiniones a la aprobación del monarca, que decidiría en último término en todas las cuestiones. La ley electoral elaborada por Buliguin confería todas las ventajas a la nobleza y a la burguesía, en detrimento de los obreros.

Cuando se supo lo que sería la Duma Buliguin, se planteó la cuestión de determinar la actitud que debía adoptarse con respecto a ella. Los bolcheviques propusieron rechazar toda participación en esta Duma, boicotearla e impedir la convocatoria por una movilización de las masas. Sentíamos que el movimiento era de una fuerza excepcional, que el zarismo no lo calmaría echando a las masas algunos huesos que roer, y que de lo que se trataba era de continuar el asalto contra la autocracia. Los mencheviques, como de costumbre, vieron en el proyecto del zar el comienzo del parlamentarismo en Rusia, y, al principio, propusieron la participa-

---

1 Organización democrática burguesa, que comprendía ingenieros, médicos, empleados de ferrocarriles, etc.

ción en la Duma. Pero, ante las burlas que acogieron su propuesta, renunciaron a la participación y declararon: Entonces, convocaremos asambleas electorales para elegir nuestros representantes, no a la Duma Buliguin, sino a una Duma popular. Pero más tarde rechazaron también este plan, pues, por encima de Buliguin y de la Duma, la revolución puso pronto al orden del día nuevos problemas. Los obreros sentían, en efecto, que no era el momento de divertirse en tonterías como las elecciones a la Duma, y que la hora decisiva, la hora de la revolución, iba a sonar.

LOS ACONTECIMIENTOS DE OCTUBRE DE 1905

Son conocidos los acontecimientos de octubre de 1905: huelga general panrusa, acción enérgica de la Unión de las Uniones, concesiones insignificantes acordadas por la autocracia el 17 de octubre y, en fin, promulgación de la Constitución. Las interioridades de la concesión de la Constitución pueden estudiarse en las notas de Witte, que describe en ellas muy bien el juego de las pasiones, las maniobras de los partidos y las intrigas de la Corte.

En ese momento se formó el primer soviet de diputados obreros de San Petersburgo. Este soviet no comprendía diputados soldados, y aquí es donde hay que buscar la causa principal de su debilidad. Los bolcheviques comprendían perfectamente que, para ser una potencia, había que tener soviets, no solamente de diputados obreros, sino también de diputados campesinos y soldados. Pero no se pudo llegar a constituirlos, pues el movimiento era demasiado débil para ello.

La idea de los soviets, como todas las grandes ideas, nació en las masas. Los mencheviques se esforzaron, más tarde, en presentar las cosas como si su idea estrecha de la «autonomía administrativa revolucionaria» se hubiera materializado en los soviets. En realidad, la idea de los soviets no vino de los mencheviques: nació en el seno de las masas, en las fábricas de San Petersburgo. El soviet de San Petersburgo se convirtió en un embrión de gobierno. Era necesario, o bien que tomase el Poder y echase al Gobierno del zar, o bien que el zar le dispersase. Como se sabe, fue la segunda eventualidad la que se produjo. Una parte de los bolcheviques había cometido la falta de negarse a participar en el soviet, si éste no adoptaba oficialmente el programa del partido socialdemócrata. Pero Lenin y el Comité central repararon rápidamente este error.

LA INSURRECCIÓN DE DICIEMBRE EN MOSCÚ

El punto culminante del movimiento fue la insurrección que se produjo en diciembre de 1905, en Moscú, en la barriada de Presnia, y que fue dirigida por el Comité de los bolcheviques, a la cabeza del cual se encontraban Chantser (muerto en el extranjero, en 1911), Vladimirski (actualmente miembro del Comité central del partido comunista ucraniano), Siedoi y algunos otros.

La insurrección de Moscú, que tuvo una gran importancia histórica, fue ahogada en la sangre de los obreros. En cuanto hubo abortado, los mencheviques se apresuraron a reprobarla. Plejánov escribió fríamente: «No había que aventurarse a tomar las armas.» Que este movimiento haya sido justificado o no, le respondimos nosotros, semejantes palabras sólo pueden venir de un menchevique. Después de la derrota de los comuneros, en 1871, Marx, que había puesto en guardia a los obreros parisinos contra una sublevación, no les dijo: «No había que aventurarse a tomar las armas.» No. Marx escribió su magnífica obra: *La guerra civil en Francia,* donde glorificaba la obra y la memoria de los comuneros y cubría a sus verdugos de oprobio.

Plejánov, como tantos otros, no había seguido el ejemplo de Marx. Como un señor de la revolución se había mantenido al margen, y como un observador de estrellas, discutió el movimiento sólo desde un punto de vista abstracto: «no era necesario tomar las armas».

Los bolcheviques obraron muy distintamente. Lenin manifestó la más grande admiración por el heroísmo de los combatientes. Quiso estudiar a fondo los menores detalles de esta lucha, la técnica de los combates en las calles, la biografía de cada uno de los que habían participado en la acción. Lenin no era de esos «revolucionarios» que no se solidarizan más que con las insurrecciones victoriosas: hacía suya cada página de la historia de nuestra clase.

Hay derrotas más preciosas que ciertas victorias. Nuestra derrota de diciembre de 1905 se encuentra en este caso. Asistimos entonces a la primera sublevación de los obreros de vanguardia, por las reivindicaciones de nuestro partido. Esos obreros sabían ya claramente lo que querían, y no iban detrás de las banderas de Gapon. El sublevamiento probaba por sí mismo que el movimiento había progresado, que la clase obrera había crecido hasta el punto de convertirse en una fuerza imponente, que tenía un programa claro y que estaba presta a atacar a las tropas del zar, armadas hasta los dientes. Sin duda, el movimiento había fracasado; pero es a través de las derrotas cómo los obreros marchan hacia la victoria. Los bolcheviques solidarizándose enteramente con los insurrectos, declararon una guerra sin cuartel a Plejánov, por su frase de renegado: «No había que aventurarse a tomar las armas.»

CAPÍTULO V

LA EXPERIENCIA DE LA REVOLUCIÓN DE 1905

LA revolución de 1905 fue, en cierto modo, el ensayo general de la de 1917. Sin 1905, hubiera sido imposible una victoria relativamente tan fácil como la de 1917. En 1905, la idea de los soviets pasó como un meteoro. Pero, sin embargo, dejó una huella profunda en el espíritu de la clase obrera. Por eso, en 1917, desde los primeros síntomas de la revolución de febrero, cada obrero encontró absolutamente natural que el país se cubriese de una red de soviets. Lo repito: no pocos acontecimientos de 1917 habrían acabado de otra manera, sin la gran experiencia de la revolución de 1905. Pero, tomada aparte, esta revolución fue un fracaso. ¿Por qué? ¿Cuáles fueron las causas de su fracaso?

Los mencheviques han estudiado esta cuestión en una obra en cinco tomos, escrita por Martov, Potressov y Dan, en 1909 y 1910.

La revolución de 1905, dicen en ella, ha fracasado porque la clase obrera ha ido demasiado lejos en sus reivindicaciones puramente proletarias. Incluso proclamó y comenzó a aplicar, sin autorización, la jornada de ocho horas. Para los historiadores mencheviques, éste es el primer crimen de la clase obrera en la revolución de 1905. Por sus reivindicaciones exageradas, el proletariado, al parecer, se alió entonces a una parte importante de la burguesía y la llevó a aliarse con los *pomiestchiks,* es decir, con el zarismo. Además, para los historiadores mencheviques, casi toda la actividad del primer soviet de diputados obreros de Petersburgo era errónea, e incluso demagógica, pues el soviet seguía irresistiblemente el camino del bolchevismo.

Esta última afirmación es cierta hasta cierto punto. El primer soviet de diputados obreros de Petersburgo, aunque compuesto, al principio, en su mayoría por mencheviques, seguía, en efecto, la vía del bolchevismo, pues lo empujaban hacia ella las circunstancias. Aún más: la historia jugó a los mencheviques una mala partida. Su diario *Natchalo,* que comenzó a aparecer hacia fines de 1905, también se desvió fuertemente hacia el bolchevismo, hasta el punto de que, más tarde, todo el estado mayor menchevista tuvo que desautorizar a su propio periódico. Algunas palabras, a este respecto, sobre *Natchalo* y *Novaia Jizn.*

Novaia Jizn y Natchalo

A fines de 1905 aparecieron los primeros periódicos legales de los bolcheviques y de los mencheviques. Los primeros publicaron *Nóvaia Jizn (La Vida Nueva),* y los segundos, *Natchalo (El Comienzo).*

Hasta el regreso de Lenin y de algunos otros de, nuestros jefes, fijados en el extranjero, *Novaia Jizn* tuvo una dirección más o menos heterogénea. Su redactor jefe era Bumiantsev, que, más tarde, se separó de la revolución. Contaba entre sus colaboradores regulares, no solamente a Gorki, sino también a intelectuales pequeño-burgueses, como Minski, Teffi y otros, que han pasado desde hace mucho tiempo al otro lado de la barricada. Ahora cuesta incluso trabajo creer que esas gentes hayan podido estar, durante cierto tiempo, en el campo bolchevista. La situación no cambió hasta que regresó a Rusia el grupo director de los bolcheviques. *Novaia Jizn* se convirtió entonces en un periódico francamente bolchevista.

Lo ocurrido con *Natchalo* fue un poco diferente. Parvus y Trotski, que, hacia mediados de 1905, habían comenzado a separarse de los mencheviques, durante la discusión sobre la actitud que debía adoptarse con respecto a la burguesía, obtuvieron, a causa de una serie de circunstancias, la dirección de *Natchalo*, que hicieron desviar considerablemente del menchevismo. Su tendencia, que se expresaba en la teoría de la revolución permanente, merece un estudio especial.

La revolución permanente

Natchalo afirmaba que la revolución de 1905 había abierto un período revolucionario que no terminaría más que por la victoria completa del proletariado mundial. La revolución rusa, parte de la revolución internacional, sólo triunfaría completamente si la revolución era victoriosa en los otros países.

Esta tendencia, como se ve, contenía una parte de verdad. Pero la teoría de la revolución permanente, teoría que expresaba los puntos de vista personales de Parvus y de Trotski, era enteramente falsa y estaba completamente alejada de la realidad. Por eso no ha dejado trazas en el movimiento de masa del proletariado.

El principal error de sus autores era olvidar enteramente, o, al menos, menospreciar considerablemente el papel de los campesinos, olvidar que la revolución rusa sólo podía triunfar si la clase obrera se mantenía en unión estrecha con los campesinos. En otros términos, Parvus y Trotski no comprendían la justeza de la consigna bolchevista formulada por Lenin desde mediados de 1905: dictadura del proletariado y de los campesinos revolucionarios.

La discusión se refería principalmente al carácter de la revolución rusa, que, los mismos liberales lo reconocían, era inevitable. Todo el problema era saber cuál sería la extensión de esta revolución, dónde se detendría y qué clase desempeñaría en ella el papel principal.

La burguesía liberal quería que la revolución se limitase a la instauración de una monarquía constitucional, que el poder económico quedase enteramente en manos de las clases propietarias y que la burguesía tuviese la principal parte en el poder político.

Todo el campo de los pequeños burgueses (*trudoviks,* socialistas populares, mencheviques, socialistas revolucionarios) soñaba con la creación de una República democrática burguesa, aunque su ala derecha se hubiera contentado, en verdad, con una monarquía constitucional. En lo que concierne más particularmente a los mencheviques, su filosofía era muy simple: como la revolución debía ser burguesa, el proletariado no tenía por qué tomar el Poder: debía desempeñar el papel de oposición en el campo de la democracia e impulsar progresivamente a la burguesía hacia la izquierda.

Los bolcheviques preconizaban la dictadura del proletariado y de los campesinos. Convencidos de que la revolución tendría un carácter burgués, preveían que no sería, sin embargo, puramente burguesa: que constituiría una etapa entre la revolución burguesa democrática y la revolución socialista. Por dictadura del proletariado y de los campesinos entendían la revolución burguesa democrática llevada hasta su fin lógico, es decir, la revolución plebeya, popular. Si, decían, la revolución llegase a destruir todas las supervivencias del feudalismo en el campo y a sublevar, no solamente a millones de obreros, sino a decenas de millones de campesinos; si los obreros y los campesinos, por medio de su dictadura, sojuzgasen a los *pomiestchiks* y a la gran burguesía, y en ese momento surgiese en Occidente un movimiento revolucionario serio, la revolución rusa podría convertirse en el preludio inmediato de la revolución socialista europea.

Entre los bolcheviques y los mencheviques se encontraban los partidarios de la revolución permanente, que, aunque muy radicales en palabras, seguían frecuentemente a los mencheviques. En todo caso, lo cierto es que no comprendían lo que era el comienzo de la revolución socialista en un país como Rusia, donde los campesinos formaban la inmensa mayoría de la población. Su divisa: «¡Abajo el zar! ¡Gobierno obrero!» parecía muy radical; en realidad, tenía que quedar en letra muerta, pues la clase campesina era y es un factor sumamente importante, que no se puede dejar de tener en cuenta. Si la revolución de 1905 fue aplastada, se debió, ante todo, a que los campesinos estaban en retraso, con respecto a los obreros, y a que estos últimos estaban demasiado débilmente ligados a la masa rural para poder arrastrarla tras de ellos. La fórmula «¡Abajo el zar! ¡Gobierno obrero!» no contribuyó en nada a mejorar las relaciones entre campesinos y obreros.

En 1917, después de cuatro años de una guerra formidable, que puso a toda Europa al borde de la revolución proletaria, la fórmula de la dictadura del proletariado vino a su hora. Pero la dictadura del proletariado jamás habría podido triunfar en Rusia, en 1917, si el bolchevismo hubiera cometido, en su actitud con respecto a los campesinos, los errores groseros que eran peculiares de los partidarios de la revolución permanente, en 1905.

De todos modos, *Natchalo* seguía un camino que no tenía nada de menchevista. Y los mencheviques, al hacer el balance de la revolución de 1905, tuvieron que deplorar, no sólo la táctica de los bolcheviques y la conducta del soviet de San Petersburgo, sino incluso la orientación de su propio periódico, *Natchalo*, que, naturalmente, tenía en esta época una fuerte influencia sobre el movimiento. De ahí su explicación del fracaso de 1905. La clase obrera había caído en el maximalismo, se había dejado arrastrar por reivindicaciones irrealizables, había seguido la ruta bolchevista, y se había estrellado. Su falta capital había sido no restringir su programa, no adaptar su táctica a las reivindicaciones de la «sociedad» burguesa, haber ido demasiado lejos, haber reclamado la jornada de ocho horas y planteado numerosas reivindicaciones puramente proletarias.

CAUSAS DEL FRACASO DEL MOVIMIENTO DE 1905

Los bolcheviques tenían una opinión completamente contraria. Incluso si se admite, decían, que reivindicar la jornada de ocho horas fuese entonces una falta, no es menos cierto que esta reivindicación era inevitable. Sólo los funcionarios formalistas pueden representarse una revolución en la que millones de oprimidos que despiertan a la vida pública renuncien a sus reivindicaciones y no reclamen lo que más les interesa. Si en San Petersburgo y en el mundo entero no hubiera habido entonces un solo bolchevique, no por eso las masas obreras hubieran dejado de reclamar las ocho horas, ni se habrían limitado a sostener a los «constitucionalistas» burgueses. Desde luego, de hecho, esta reivindicación no era una falta: debía formularse. La clase obrera rusa contaba entonces ocho millones de hombres. Se había levantado, y no podía, evidentemente, dejar de poner al orden del día *sus* reivindicaciones fundamentales de clase. La clase obrera ha sido vencida; pero llegará un día en que las reivindicaciones de 1905 triunfarán. Esta era nuestra respuesta a los mencheviques.

¿A qué atribuía, pues, el bolchevismo la derrota de la revolución de 1905? El bolchevismo sostenía, y sostiene aún, que el fracaso de 1905 tuvo tres causas fundamentales.

La primera, y la más importante, fue la situación internacional. De hecho, la revolución rusa era y debía ser un episodio de la lucha internacional. Todo el mundo ve claramente hoy que nuestra revolución de los años 1917-1920 está estrechamente ligada a los acontecimientos internacionales. Lo mismo ocurrió en la de 1905. El empréstito que Witte y Kokovtsev lograron obtener de los banqueros extranjeros desempeñó, sin duda, un papel decisivo. Además, la burguesía internacional, que había ayudado al zarismo con su dinero, le prestó igualmente un apoyo moral y político considerable. En ese tiempo, la burguesía de Europa occidental no estaba tan dividida como en nuestros días; constituía un todo mucho más sólido. La Rusia zarista mantenía las relaciones más amistosas con la Francia burguesa, y la famosa alianza franco-rusa era, en realidad, la alianza de los millones de bayonetas del zar con los millones de francos franceses. Y esta alianza, es preciso reconocerlo, fue en un momento sumamente poderosa. Pero Francia no fue el único Estado que suministró a Rusia un apoyo considerable; casi todos los grandes Estados occidentales siguieron, más o menos, su ejemplo. Y aunque la derrota de la Rusia zarista en la guerra ruso-japonesa fuese favorable a algunos grupos capitalistas aislados, el conjunto del mundo burgués de Europa occidental sostuvo al zarismo sin reservas. Además, ciertos políticos burgueses de Occidente ayudaron considerablemente al zarismo, interviniendo en la lucha que se desarrollaba entonces entre la monarquía y la burguesía liberal, y esforzándose en reconciliar al zarismo con los kadetes, cuyos jefes eran partidarios de la unión con el capital europeo. Está fuera de duda, hoy, que la burguesía francesa y las otras burguesías extranjeras desempeñaron el papel de corredores, de intermediarios entre una parte de la oposición rusa y el zarismo. Este sabía que estaba detrás de él la burguesía de las potencias más civilizadas de Europa. Esta fue la primera causa de la derrota de la revolución de 1905.

La segunda fue la inconsciencia de los campesinos. Plejánov había dicho, en 1889, que la revolución sólo podría vencer como revolución obrera. Esta fórmula era justa en el sentido de que la clase obrera debe tener la hegemonía, ser la fuerza fundamental en la revolución. Pero era incompleta. Habría habido que decir: la revolución rusa debe vencer como revolución obrera; pero para eso es indispensable que la clase obrera llegue a arrastrar a los campesinos tras ella. Pero en 1905 no podía hacerlo. El soviet de San Petersburgo estaba compuesto únicamente de diputados obreros. Los campesinos manifestaban tan poca actividad política, que no se podía pensar en hacerlos participar ampliamente en el soviet. Si se recuerda que el 9 de enero de 1905 los obreros de la fábrica Putilov creían aún en el zar e iban a él con iconos, se comprenderá el estado de espíritu que debía reinar en la masa campesina, cuya experiencia política era aún menor. Por eso el ejército, compuesto en su mayor parte de campesinos, ayudó, en fin de cuentas, al zarismo a aplastar a los obreros insurrectos. En una decena de meses (del 9 de enero al 17 de octubre de 1905), la clase obrera de San Petersburgo y de las otras grandes ciudades de Rusia adquirió una experiencia política considerable y comprendió lo que era la monarquía. Para llegar al mismo resultado hubieran necesitado los campesinos y el ejército campesino mucho más tiempo. Las insurrecciones en las tropas, frecuentes desde 1902, conservaban un carácter local y se producían sin programa revolucionario preciso. Las primeras manifestaciones del movimiento en el ejército fueron, evidentemente, muy significativas; en particular la sublevación de la flota del Mar Negro fue de las más sintomáticas. Sin embargo, en 1905, el zarismo tenía aún en sus manos el ejército y los campesinos. Estos, en la revolución de 1905, no estaban aún prestos a convertirse en fieles aliados del proletariado; permanecían más o menos neutrales; pero el ejército, compuesto casi enteramente de campesinos, estaba más dispuesto a dejarse arrastrar por el zarismo que por la revolución.

En fin, la tercera causa del fracaso fue la traición de la burguesía. Los mencheviques estaban en un error profundo al pretender que el fracaso de la revolución incumbía enteramente a la clase obrera, culpable, según ellos, de haber formulado reivindicaciones excesivas. En realidad, como lo señalaban los bolcheviques, la burguesía, en el momento decisivo, abandonó la lucha para establecer un acuerdo con el zarismo. Acogió con alegría la miserable concesión que se le hizo el 17 de octubre. Desde ese momento, todo el campo liberal burgués se volvió contra el proletariado. Struve, que tenía la especialidad de las fórmulas lapidarias, puso entonces en circulación la expresión «locura desencadenada», para designar el movimiento huelguístico que se desarrollaba en favor de reivindicaciones proletarias. La burguesía liberal decía que soplaba sobre el país un viento de locura y que había que calmar, a toda costa, la tempestad, sin lo cual Rusia desaparecería en un espantoso cataclismo.

De hecho, la burguesía tenía un instinto de clase muy seguro y calculaba muy bien. Cuando vio al zarismo, quebrantado, venir a ella para ofrecerle un acuerdo, se volvió rápidamente hacia la derecha, traicionó el movimiento liberador y se hizo, de hecho, el aliado del zar. Al principio, había creído que la clase obrera se sacrificaría únicamente para asegurar el triunfo de una revolución burguesa; pero, después de octubre de 1905, se convenció de su error. Se apercibió entonces, con terror, de que el proletariado ruso se preparaba a desempeñar un papel independiente en la revolución y se disponía a atacarle al mismo tiempo que al zarismo. Asustada por el espectro de la revolución social que se alzaba ante ella, comprendió que sus intereses de clase exigían que se aliase al zarismo contra el proletariado.

Estas fueron las causas fundamentales de la derrota de la revolución de 1905.

LOS RESULTADOS DE 1905

¿Cuáles fueron las consecuencias de la revolución de 1905? En primer lugar, un reagrupamiento de las fuerzas de clase. La burguesía se hizo definitivamente contrarrevolucionaria. En Francia, en 1789, la burguesía, en su lucha contra el feudalismo y la monarquía, fue una clase revolucionaria. En Rusia, hasta 1905, desempeñó un pape' de oposición, más o menos caracterizado. Hubo un tiempo en que, en parte al menos, buscaba la alianza de la clase obrera. Son conocidas las tentativas de Struve, Tugán-Baranovski y otros por llegar a un acuerdo con nuestro partido. Miliukov vino a Londres a ver a Lenin, para rendirle homenaje como jefe de los obreros y proponerle una colaboración sobre bases determinadas. Hubo un tiempo en que toda la oposición burguesa, por odio al zarismo, se inclinaba hacia una cooperación con la clase obrera, esperando en secreto que ésta sería su instrumento dócil y sacaría por ella las castañas del fuego, como había ocurrido, en 1848, en Alemania y en otros países. Pero cuanto más manifestaba su carácter de clase el movimiento obrero, más se alejaba la burguesía del proletariado, comprendiendo bien que, por malo que fuera el zar, siempre era, para ella, preferible a la victoria de la clase obrera. Cuando se vio obligada a comprobar que la clase obrera había adquirido una experiencia política suficiente; que ya no seguía a Gapon, sino a su propio partido; que tenía su programa; que reivindicaba las ocho horas e instituía su soviet, comenzó a retroceder y se hizo muy pronto una clase contrarrevolucionaria. La aparición del soviet de los diputados obreros de San Petersburgo desempeñó un papel decisivo en su evolución. Comprendió que tenía en esta asamblea un enemigo sumamente peligroso. Sintió que el soviet era el futuro gobierno obrero, es decir, un órgano de clase del proletariado, del cual no podría jamás hacerse dueña. Y comenzó entonces a evolucionar rápidamente hacia la reacción. Kautsky, que en esta época era aún marxista, comprendió perfectamente que la burguesía rusa se había convertido en una clase contrarrevolucionaria. Por eso, desde 1906 a 1908, se alzó vigorosamente contra los mencheviques rusos, que continuaban fundando su táctica en la alianza con la burguesía.

Así, pues, el primer resultado de la revolución de 1905 fue el paso de la burguesía rusa al campo de la contrarrevolución. La segunda consecuencia fue el despertar innegable de los campesinos, arrancados a su sueño secular. Si el movimiento de 1905 no triunfó, planteó, en todo caso, la cuestión agraria en toda su intensidad, como lo demostró la aparición de los primeros comités agrarios. En la primera y en la segunda Dumas los representantes de los campesinos ya perteneciesen al partido de los *trudoviks* (laboristas) o a la derecha, pronunciaron discursos revolucionarios inflamados. Cada vez que tenían que hablar de la tierra, es decir, del tema que les llegaba al alma, los diputados campesinos estaban elocuentes, y, conscientemente o no, se expresaban en un lenguaje francamente revolucionario.

Por consiguiente, el segundo resultado de la revolución de 1905 fue desarrollar considerablemente la conciencia de las masas rurales. En tanto que la burguesía se volvía hacia la reacción, los campesinos comenzaban a evolucionar hacia la izquierda.

LA FÓRMULA «¿1847 Ó 1849?»

Ahora, ¿qué va a ocurrir? ¿Ha terminado la revolución? Estas fueron las cuestiones que, en 1906, se le plantearon al partido. Se entablaron discusiones. ¿Atravesamos, se decía, un año 1847 o un año 1849? En otros términos, ¿estamos en vísperas de una revolución de 1848, o bien al día siguiente de una revolución más o menos frustrada, como la de 1848? Como es sabido, la revolución de 1848 terminó, en una serie de países, por un aborto, por un compromiso, que dio a la burguesía los frutos de la victoria de las masas revolucionarias. En los círculos del partido se preguntaba la gente si el año 1906 era, para Rusia, el equivalente de lo que había sido 1847 para Alemania y una gran parte de Europa, o si, por el contrario, correspondía al año 1849. Dicho de otro modo, ¿era 1906 el preludio de un nuevo período de batallas, o bien marcaba, como 1849, el término de los combates más importantes y el comienzo de la decadencia revolucionaria? En este terreno y en torno a esta fórmula: «¿1847 ó 1849?», se entabló una discusión muy áspera entre bolcheviques y mencheviques.

Los bolcheviques sostenían que 1906 equivalía a 1847; que la revolución no estaba terminada; que los problemas objetivos que había planteado no habían recibido todavía solución decisiva, y que, más pronto o más tarde, la ola revolucionaria avanzarla de nuevo. El campesino, decíamos, no ha obtenido la tierra. No se han satisfecho las reivindicaciones de los obreros. Obreros y campesinos forman la inmensa mayoría del país. Así, pues, los problemas planteados por la revolución no están aún resueltos. Acaso el zar y Stolypin ahoguen la revolución por un tiempo, pero son inevitables nuevos combates. Lo que ha ocurrido en 1905 no son más que combates de avanzadas; las grandes batallas no se han producido aún.

Los mencheviques tenían, evidentemente, otro punto de vista. Seguimos ahora, decían, la ruta seguida por Prusia después de su fracaso parcial de 1848; el zar continúa, tendremos una monarquía constitucional; es preciso adaptarnos a esta realidad. De ahí se derivaba su fórmula: hacer a toda costa legal el partido, o, como decíamos nosotros irónicamente, arrastrarse a la legalidad.

Este punto de vista de los mencheviques era comprensible. Habían estimado, de una vez y para siempre, que la revolución estaba terminada; que no habría más luchas; que Rusia entraba en un período de calma, y que se desenvolvería a la manera prusiana. Por consiguiente, era claro que el partido debía renunciar a la acción clandestina; hacerse legal, incluso cercenando su programa; adaptarse a las nuevas condiciones de vida, e instaurar relaciones normales con la monarquía y con los partidos burgueses.

BOLCHEVIQUES Y MENCHEVIQUES, SE UNEN

Estos eran los puntos de vista de los bolcheviques y de los mencheviques, hacia la primavera de 1906. En esta época, bajo la presión de las masas, los estados mayores bolchevista y menchevista se vieron obligados a unirse. En la historia de nuestro partido es éste un episodio sumamente interesante.

En suma, las masas obligaron, dos o tres veces, a bolcheviques y mencheviques a reconciliarse. No hay en ello nada de sorprendente. En 1917, aún podían oírse estas palabras: «¿Por qué hacer la escisión? Cuantos más seamos, tanto mejor. Y si se agrega al bolchevique el menchevique y el socialista revolucionario, la victoria sobre la burguesía y el zarismo será segura.» Así razonaban muchos obreros, e incluso miembros del partido, que no tenían experiencia de la lucha política.

De todos modos, en 1905 comenzó un fuerte movimiento en favor de la unificación. En muchas localidades se formaron comités federativos de bolcheviques y mencheviques, que fundaron organizaciones comunes y dirigieron conjuntamente la lucha. En fin de cuentas, el Comité central bolchevista se vio obligado a unirse al Comité de organización menchevista. Igualmente bajo la presión de las masas, se convocó el Congreso de unificación del partido, que se celebró en Estocolmo, en 1906. En este Congreso, la principal diferencia que separaba a bolcheviques y mencheviques consistía en la apreciación de la situación de entonces. Los bolcheviques afirmaban: «Hemos sido vencidos en la primera batalla revolucionaria; pero viene otra revolución que resolverá los problemas planteados y no resueltos en 1905»: Los mencheviques, por el contrario, declaraban: «Sois unos utopistas. No queréis reconocer que estamos en 1849, y no en 1847. Estamos completamente vencidos, y la revolución rusa está muerta. Rusia entra en la vía de la monarquía constitucional, y el partido debe seguir ahora el camino trazado por la socialdemocracia europea».

VICTORIA DE LA TENDENCIA MENCHEVISTA

En el Congreso de Estocolmo triunfaron los mencheviques. En todo el país, la derrota de 1905 había provocado una depresión sensible, incluso entre los obreros, y también entre los miembros del partido, depresión inevitable después del fracaso de la sublevación de diciembre y de la detención de los miembros del soviet de San Petersburgo. Esta es la razón por la cual los mencheviques lograron obtener en el Congreso de Estocolmo una mayoría (desde luego, insignificante) y dictar al partido su táctica. Cuando se planteó la cuestión de la insurrección armada, presentaron, en una forma diplomática, una resolución que la eliminaba. Después, hicieron adoptar el programa agrario Maslov-Plejánov, que iba igualmente dirigido contra la revolución, y cuya realización habría llevado a hacer pasar, por medio de los organismos municipales *(zemstvos)*, la tierra a manos de los campesinos más acomodados. En fin, los mencheviques decidieron participar en las elecciones a la primera Duma de Imperio y tener en ella una fracción socialdemócrata.

LA TÁCTICA DE LOS BOLCHEVIQUES

No les quedaba a los bolcheviques otro recurso que someterse, puesto que estaban en minoría y los obreros pedían la unidad. En realidad, el Congreso de unificación no realizó, ni mucho menos, la unión de los bolcheviques y los mencheviques. Para el Comité central se tomó —como decíamos entonces— a algunos de nuestros camaradas, como rehenes. Pero, al mismo tiempo, en el Congreso mismo, los bolcheviques formaron un Comité central especial, que era, en suma, un organismo irregular en el seno del partido. Este período, en que estábamos en minoría en el Comité central y en el Comité de San Petersburgo. y en el que debíamos disimular nuestro trabajo revolucionario de fracción, fue para nosotros muy penoso. Frecuentemente, dos secretarios, uno bolchevique y otro menchevique, desconfiando uno del otro, pasaban el tiempo vigilándose mutuamente. En suma, había dos partidos en uno solo.

Entre los documentos de ese tiempo que mejor reflejan la lucha entre bolcheviques y mencheviques, se pueden citar el folleto *Informes sobre el Congreso de Estocolmo a los obreros de San Petersburgo*, escrito por Lenin, que había sido en él el delegado de los obreros petersburgueses, así como el folleto *La victoria de los kadetes y las tareas del partido obrero*.

CONTINUACIÓN DE LA POLÉMICA «¿1847 Ó 1849?»

Después del Congreso de Estocolmo, seguido de un período de dominación menchevista y de decrecimiento de la revolución, la polémica sobre la cuestión «¿1847 ó 1849?» recomenzó con la mayor virulencia. Ya veis hasta qué punto os habéis equivocado, nos decían los mencheviques, triunfantes; pensabais que la revolución no estaba terminada y que eran inminentes nuevas batallas. Sin embargo, ya ha pasado no poco tiempo desde diciembre de 1905. (Ahora, igualmente, los mencheviques se regocijan al ver que la revolución mundial, «profetizada» por los bolcheviques, tarda en venir, y, contando los años y hasta los meses, no cesan de preguntarnos dónde está nuestra revolución socialista universal.)

La revolución siguiente, es verdad, se produjo al cabo de once años, en 1917. Pero ¿se deduce de eso que los bolcheviques se hayan equivocado? No. Se habían equivocado en las fechas. Lenin se había equivocado al predecir una nueva sublevación campesina para fines del verano de 1906. A decir verdad, suponíamos que los acontecimientos irían mucho más de prisa, y no pensábamos que transcurriría una decena de años antes de la victoria de la clase obrera. Pero todo el mundo se ha equivocado sobre las fechas, incluso Karl Marx, que ha pronosticado repetidas veces la proximidad de la revolución mundial. Todo revolucionario sincero, es fácil comprenderlo, tiene tendencia a ver la realización de sus deseos en un porvenir próximo. En todo caso, nuestro juicio de conjunto era justo: la revolución no estaba acabada; sus tareas objetivas no estaban realizadas; el proletariado y los campesinos no habían recibido satisfacción; eran inevitables nuevas luchas; no se seguiría la vía de Prusia, sino la vía *rusa;* se marchaba hacia grandes transformaciones sociales. Y esas predicciones debían realizarse; no se tardó mucho tiempo en darse cuenta de ello.

El Congreso de Estocolmo coincidió con el éxito asombroso de los kadetes en las elecciones para la primera Duma de Imperio. La burguesía liberal obtuvo un gran número de puestos en el Parlamento, donde tuvo la preponderancia. Hizo elegir para la presidencia de la Duma al famoso Muromtsev. El partido kadete era el primero de la Duma, y sus jefes, Nabokov y otros, eran los oradores más escuchados. En suma, las elecciones fueron una gran victoria para el partido liberal, que se intitulaba entonces constitucional demócrata, o, en abreviatura, kadete. Esta victoria era un acontecimiento político importante, y se trataba de saber cómo iba a reaccionar nuestro partido en la circunstancia.

«Ministerio responsable» (kadete)

El Comité central menchevista, que dirigía entonces el partido obrero, se entusiasmó con la victoria de los kadetes. Consideraba que comenzaba una nueva era en Rusia, y que el triunfo del partido constitucional demócrata, confirmando sus puntos de vista, ayudaría al país a resolver en calma la cuestión agraria y algunas otras cuestiones fundamentales. Partiendo de esta suposición, los mencheviques lanzaron la reivindicación «Ministerio kadete», o, como se decía entonces, «Ministerio responsable», es decir, que tuviera que responder de sus actos, no ante el zar, sino ante la Duma, Era, en suma, la fórmula clásica de todos los Parlamentos burgueses. El Ministerio, en principio, es responsable ante el Parlamento, y de hecho, ante un puñado de banqueros. Los mencheviques, que desde hacia mucho tiempo soñaban con el parlamentarismo europeo, consideraban la reivindicación «Ministerio responsable» como la expresión acabada de la estrategia marxista.

Inmediatamente que hubieron lanzada esta fórmula, emprendieron una agitación desenfrenada en las barriadas obreras en favor de la idea de un Ministerio responsable. Como se ve, eran lógicos, consecuentes consigo mismos; ya entonces buscaban una fórmula para sostener a la burguesía. Pero el asunto acabó muy mal para ellos: esta fórmula perdió a los mencheviques y nos permitió conquistar la mayoría en San Petersburgo. Recuerdo que el barrio fabril de Viborgskaia Storona era entonces completamente menchevista. Nosotros, bolcheviques, apenas lográbamos hacernos escuchar por los obreros. Pero en cuanto se habló de un Ministerio kadete responsable, y fue claro como el día que la táctica menchevista conducía al sostén del Ministerio burgués, el cuadro cambió. A partir de ese momento, los mencheviques comenzaron a perder fábrica por fábrica, en el barrio de Viborgskaia Storona. Además, la Conferencia socialdemócrata de la ciudad de San Petersburgo se pronunció contra la reivindicación menchevista. Esta Conferencia se celebró en Finlandia, donde se era entonces relativamente libre. Recuerdo que un sábado, bajo las miradas inquietas de una nube de policías, tomamos en la estación de Finlandia el tren para Terioki. Se celebró la Conferencia durante la jornada del domingo, y faltó muy poco para que se produjeran riñas entre bolcheviques y mencheviques. En fin de cuentas, a pesar de la presión del Comité central menchevista, logramos por primera vez conquistar la mayoría en San Petersburgo. Victoria considerable, pues San Petersburgo era entonces el centro político del país. El Comité central menchevista no pudo hacer nada contra nuestro Comité de Petersburgo, y los periódicos nos gastaron bromas, diciendo que el pequeño partido bolchevista (Comité petersburgués) había derrotado al gran Comité central menchevista.

DISOLUCIÓN DE LA PRIMERA DUMA

Aunque dominada por los kadetes, la primera Duma de Imperio tuvo que dar una prenda al movimiento revolucionario, y sobre todo al movimiento campesino, aún muy fuerte. Planteó, con bastante tibieza desde luego, la cuestión agraria, lo que provocó el conflicto con el zar. La primera Duma fue disuelta. Furioso, el partido kadete se fue también a Finlandia a celebrar su Conferencia ilegal. Desde allí lanzó el célebre llamamiento de Viborg, en el cual se invitaba a la población a no pagar los impuestos. Este gesto no era, de hecho, más que la repetición del de los liberales moderados de 1848, descontentos de la monarquía; pero no se decidían seriamente a sostener el movimiento revolucionario, y sabían de antemano que nadie escucharía su invitación a no pagar los impuestos. La monarquía zarista, evidentemente, no tomó en serio el llamamiento de los kadetes, a cuyos autores se limitó a condenar a una pena insignificante: tres meses de prisión.

La disolución de la Duma de Imperio no fue más que un pequeño desacuerdo entre el zarismo y la burguesía liberal. Pronto se olvidó todo, y, en la segunda Duma, se establecieron relaciones de vecindad bastante buenas entre ambas partes. Una fracción de la burguesía liberal comenzó a celebrar a Stolypin.

EL CONGRESO DE LONDRES DE 1907

En estas circunstancias, se celebró en Londres el quinto Congreso de nuestro partido. Se discutió largamente sobre el nombre que se le daría. Nosotros, bolcheviques, contando el Congreso especial que habíamos celebrado en Londres, en 1905, considerábamos el de Estocolmo como el cuarto, y el de Londres de 1907 como el quinto. Pero los mencheviques no reconocían nuestro tercer Congreso, y no querían considerar el que se celebraba como el quinto; proponían llamarlo simplemente «Congreso de Londres».

En este Congreso estaban representadas tres nuevas organizaciones: la socialdemocracia polaca, la socialdemocracia letona y el Bund, que, como se recordará, había salido, en 1903, de nuestro partido. En las cuestiones de táctica, estas tres organizaciones estaban en su mayoría con los bolcheviques. Y así, gracias a la llegada de estos tres destacamentos, y aunque la revolución estuviese en decadencia, tuvimos en Londres la mayoría. Mayoría débil, sin duda, que consistía, a veces, en dos votos, pero mayoría, no obstante. Los mencheviques se asían desesperadamente a la dirección, y nos fue necesario sostener una lucha encarnizada para arrebatársela y libertar al partido de su jefatura.

En el Congreso de Londres se planteó, por primera vez en nuestro partido, la cuestión del parlamentarismo revolucionario. La discusión se desarrolló principalmente entre Tseretelli, menchevique, miembro de la segunda Duma, y Aleksinsky, entonces bolchevique y diputado de los obreros de San Petersburgo al Parlamento. (Monárquico adherido a los wrangelianos, Aleksinsky firma aún: «Diputado de los obreros de San Petersburgo a la Duma de Imperio».)

Después se entabló una viva discusión sobre la actividad de la burguesía liberal en la revolución y sobre el carácter de la revolución en general. Sostuvieron esta discusión, que tomó proporciones considerables, los mejores teorizantes y los oradores de más talento de las dos fracciones. Los mencheviques estuvieron representados, sobre todo, por Plejánov, y los bolcheviques, por Lenin y Rosa Luxemburgo, que representaba en nuestro partido a los obreros polacos y tenía, además, una credencial especial del Comité central de la socialdemocracia alemana para el Congreso de Londres. Los discursos de Lenin y de Rosa Luxemburgo pueden presentarse hoy aún como modelos de análisis político. A este respecto, la discusión que se produjo en Londres no ha envejecido lo más mínimo, pues giraba en torno a la cuestión fundamental del papel de la clase obrera rusa en la revolución. ¿Debe limitarse el proletariado a servir de auxiliar a la burguesía, o debe desempeñar un papel independiente en la revolución? Esta era la cuestión que debía resolver el Congreso.

Sobre las cuestiones esenciales (carácter contrarrevolucionario de la burguesía rusa, necesidad del papel director del proletariado en la revolución), así como sobre la del Congreso obrero (los mencheviques habían propuesto reunir un Congreso obrero al margen de los partidos, queriendo así debilitar el papel de la vanguardia del partido), los bolcheviques obtuvieron en el Congreso de Londres una mayoría considerable. Pero, en la elección de Comité central, reunieron con gran trabajo una muy débil mayoría.

EL COMITÉ CENTRAL ELEGIDO EN EL CONGRESO DE LONDRES

El Comité central elegido por el Congreso de Londres nos daba una mayoría sumamente inestable. Los mencheviques tenían en él como representantes: Martinov (hoy adherido al partido comunista ruso), N. Jordania (ex presidente de la República menchevista de Georgia, ahora en la emigración blanca en París), Goldman-Gorev (que ha abandonado ahora a los mencheviques) y Noé Ramichvili (miembro del Gobierno menchevista georgiano, se señaló por su ferocidad contra los obreros; actualmente en París). Los representantes de los polacos eran: Tyszko (fusilado en su prisión, poco después del asesinato de Karl Liebknecht y de Rosa Luxemburgo) y Varski (hoy miembro del partido comunista ruso); los del Bund, Abramovitch y Lieber (actualmente reaccionarios empedernidos); los de los bolcheviques, Lenin, Zinóviev (fue entonces la primera vez que entré a formar parte del Comité central), I. Goldenberg (que, defensista durante la guerra, volvió después al bolchevismo), Rojkov (literato bolchevista) y, en fin, el difunto Dubrovinsky y A. Teodorovitch (ahora en el Comisariado de Agricultura). Los letones estaban representados por Rozin (bolchevique) y Hermann, que, partidario de la conciliación, votaba sucesivamente por los mencheviques y por los bolcheviques.

Es fácil comprender qué política estable podía resultar de semejante cohabitación entre mencheviques y bolcheviques en el Comité central. Los bolcheviques se daban cuenta de ello, y se esforzaron, en el mismo Congreso de Londres, en elegir su «Centro» oculto. Colaboraremos en el Comité central, decíamos, y soportaremos por deber una situación penosa; pero el verdadero trabajo lo hará nuestro Centro bolchevista. Era claro, en efecto, que nuestro matrimonio forzado con los mencheviques no sería de larga duración.

Así, pues, el Congreso de Londres dio la victoria teóricamente a los bolcheviques y privó a los mencheviques del poder en el partido. Pero el Comité central no nos pertenecía enteramente; la situación continuaba siendo de las más inestables, y tuvimos que crear una organización especial para nuestra fracción.

Apenas habíamos vuelto del Congreso de Londres, cuando fue disuelta la segunda Duma. La fracción parlamentaria socialdemócrata fue detenida bajo la acusación de complot, y se hizo contra ella un proceso, que terminó con el presidio para varios diputados. Entramos en un periodo de ilegalidad. Nuestros periódicos fueron suprimidos. La burguesía liberal, si bien protestaba contra la disolución de la Duma, ya no pensaba en correr a Viborg para lanzar llamamientos. Permanecía tranquilamente en San Petersburgo, y se contentaba con pronunciar de cuando en cuando, para tranquilizar su conciencia, discursos de oposición o con hacer chistes a propósito de las «corbatas» de Stolypin, es decir, de las cuerdas de la horca. En el fondo, estaba, en gran mayoría, en favor de la Constitución de Stolypin.

La tercera duma

Disuelta la segunda Duma, la monarquía se preocupó de convocar la tercera, después de haber, sin embargo, «ligeramente» modificado la ley electoral. La nueva ley restringía considerablemente el derecho de sufragio de los campesinos. A los obreros era imposible restringirles sus derechos electorales, pues éstos eran, poco más o menos, inexistentes. Estas medidas eran comprensibles. Hasta la segunda Duma, la autocracia había puesto su esperanza en el *mujik*. El mismo Pobiedonostsev, el más astuto de los monárquicos, contaba con el buen sentido del campesino, que, decía, creía en el zar y no iría jamás contra el «padrecito». Pero la segunda Duma demostró que también los campesinos comenzaban a emanciparse. Por eso la nueva ley electoral, en una forma hábil, es verdad, los privaba, en suma, del derecho de voto. En las elecciones de primer grado, cada campesino continuaba teniendo el derecho de voto. Pero este derecho era puramente ficticio. Los elegidos campesinos debían pasar por la criba de los *pomiestchiks,* que tenían la mayoría y elegían al *mujik* que les placía. Así, pues, entre la segunda y la tercera Duma, la monarquía perdió toda confianza en los campesinos, al mismo tiempo que éstos perdían su fe en el zar.

¿Debía participarse en la Duma de Imperio, que, visiblemente, iba a estar bajo el yugo de los peores reaccionarios? Esta era la cuestión que se planteaba al partido. A este respecto, se produjeron serios desacuerdos entre los bolcheviques. La mayoría de los directores se pronunciaban por el boicot de la Duma, esperando provocar un movimiento análogo al de la época de la Duma Buliguin. En el grupo bolchevique se desarrolló una lucha encarnizada. Lenin, con algunos adeptos, defendió la participación; pero la masa de los bolcheviques estaba contra él. Se le reprochaba evolucionar hacia la derecha, aconsejando a los obreros que entrasen en la Asamblea archirreaccionaria que sería la tercera Duma, Lenin respondía que la tercera Duma sería una «cuadra», pero que el interés de la clase obrera exigía, sin embargo, que fuésemos a ella. En 1905 se podía esperar que la revolución estallase de un momento a otro y nos permitiera barrer el zarismo y la Duma Buliguin. En 1907, la correlación de fuerzas no era la misma, y era claro que la monarquía duraría aún algunos años. Nuestro boicot no impediría que la tercera Duma se reuniera. Debíamos prepararnos para un período de reacción desenfrenada. La Duma sería una cuadra, pero nosotros podríamos ser en ella de alguna utilidad para la clase obrera, utilizando la tribuna parlamentaria para hacer llegar nuestra voz al país. Finalmente, el punto de vista de Lenin triunfó en el partido, que decidió participar en las elecciones a la Duma.

DISCUSIÓN SOBRE LA UTILIZACIÓN DE LAS POSIBILIDADES LEGALES

Surgió una discusión sobre la utilización de las posibilidades legales. El partido era casi completamente ilegal. Sus diputados en la segunda Duma estaban en presidio, y no le quedaban más que raros focos legales: algunos sindicatos y clubs obreros, así como la tercera Duma, donde los obreros podrían hacer entrar algunos hombres para gritar la verdad al pueblo por encima de las cabezas de los *cien negros*. La discusión sobre la utilización de las posibilidades legales colocó a los bolcheviques en una situación bastante crítica. Si en ese momento la tendencia antileninista hubiera obtenido una victoria duradera, nuestro partido se habría transformado en secta. Nuestro trabajo en los sindicatos no daba resultados suficientes, pues habíamos dejado pasar el momento favorable. Durante cierto tiempo dominó en la fracción bolchevista la tendencia antisindical. «¿Por qué ir a los sindicatos? —se decía—. Nuestro asunto es el partido. Permaneceremos en la ilegalidad; trabajaremos en ella. En lo que concierne a las organizaciones profesionales, ¡que los mencheviques vayan a ellas!» Era ésta una grave falta, que nos costó cara. Hasta noviembre de 1917, los mencheviques tuvieron la mayoría en los sindicatos, y sólo después de la revolución logramos quitársela. El pensamiento fundamental de Lenin era que debíamos permanecer ligados a las masas obreras, no limitarnos a la acción clandestina, no transformarnos en un círculo estrecho. Si los obreros estaban en los sindicatos, también debíamos estar nosotros. Si podíamos enviar a la Duma zarista aunque sólo fuese un hombre, había que hacerlo: éste diría la verdad a los obreros, y nosotros daríamos a conocer sus discursos por medio de hojas. Si se podía ser útil a los obreros en un club obrero, había que entrar allí. Debíamos utilizar todas las posibilidades legales para no alejarnos de las masas obreras, para vivir su vida y no convertirnos en simples propagandistas que se limitan a recitar lugares comunes sobre la revolución. A los obreros, decía Lenin, no les gustan los charlatanes. Quieren que el partido se funda, en cierto modo, con ellos; que esté a su lado en los momentos difíciles, que se ocupe de las cuestiones de su vida corriente, que esté en los sindicatos, en las cooperativas, en los clubs, en todas partes donde hay obreros organizados.

Gracias a la inmensa autoridad de que gozaba Lenin, aunque estuviese en minoría, la fracción de los bolcheviques se decidió a participar en la tercera Duma de Imperio. Logramos tener algunos diputados, entre ellos Poletaiev que, más tarde, desempeñó un papel considerable en la organización de *Zviezda* y de *Pravda*.

Esta discusión en la fracción bolchevista es importante: tendremos ocasión de volver a ocuparnos de ella en nuestro estudio del *otsovismo*.

EL LIQUIDACIONISMO

Al mismo tiempo que los bolcheviques se dividían en partidarios y adversarios de la utilización de las posibilidades legales, nacía entre los mencheviques una corriente que recibió el nombre de «liquidacionismo».

Varios jefes mencheviques estimaban que era necesario, como decían, liquidar la acción clandestina, es decir, abandonar la organización ilegal, adaptarse al régimen del 3 de junio,[1] dulcificar el programa del

---

1 El 3 de junio de 1907 se había promulgado la ley que establecía el nuevo sistema electoral para la Duma de Imperio.

partido, a fin de hacerlo aceptable por la monarquía zarista; reconocer de una vez y para siempre que estaba acabada la revolución, y convertirse en un partido socialdemócrata, en el sentido «europeo» del término.

El representante más brillante de esta tendencia no era otro que nuestro actual compañero de armas, nuestro querido camarada Larin. Entonces era menchevique liquidador desenfrenado, lo que no le impide ahora ser, de cuando en cuando, el representante de la «izquierda» del bolchevismo. Fundó en San Petersburgo una pequeña revista legal, *La Regeneración,* que Stolypin toleraba intencionadamente. Su grupo de mencheviques liquidadores, que comprendía, entre otros, a Tejov, Potressov y Levitsky, fue apodado por Lenin «partido obrero stolypiano». Los liquidadores fundaron después una segunda revista científica, *Nacha Zaria,* en la cual colaboraron Martov, Dan, Potressov y, durante algún tiempo, Trotski. Se burlaban de nuestra organización ilegal. En cualquier ciudad, escribía Larin, no es difícil crear algunos círculos de mocosos, pero la gente inteligente no se confina en la acción clandestina.

Los liquidadores boicotearon a nuestro Comité central. Sus líderes Mijail, Román y Yuri, los tres miembros del Comité central, declararon que no les agradaban lo más mínimo nuestros infantilismos, que no asistirían a las reuniones de nuestro Comité central, que era necesario disolver todas las organizaciones ilegales, que ya había pasado su tiempo y que había que constituir un partido socialdemócrata análogo a los que existían en Europa. Martov y Dan, que se encontraban en el extranjero, guardaban una actitud moderada, a fin de no perder la posición que ocupaban en nuestro partido. Y así es cómo establecieron, como decía Lenin, cierta «división del trabajo»:

Potressov, lejov, Levitsky, Larín y sus compañeros de armas se instalaron en San Petersburgo, desde donde bombardearon abiertamente el partido ilegal; Martov y Dan continuaron en la organización ilegal del partido, en el extranjero, para sabotearla desde dentro.

LOS LIQUIDADORES Y LA BURGUESÍA

El movimiento liquidador fue vigorosamente sostenido en toda Rusia por la burguesía liberal. En tanto que nuestros militantes legales eran perseguidos y detenidos, los mencheviques, con sus sindicatos, tenían el apoyo de *Rietch*[1] y de la burguesía liberal, trabajaban legalmente en los clubs y se instalaban en los periódicos profesionales. Los liberales y los monárquicos eran abiertamente favorables a los liquidadores, esperando descomponer nuestro partido común y desmoralizar a la vanguardia de la clase obrera.

A partir de 1908, el movimiento reviste contornos muy francos, y el término de liquidacionismo adquiere carta de naturaleza. Muchos viejos obreros menchevistas pasan entonces al grupo de *Nacha Zaria*, dirigido por Potressov, y se hacen liquidadores. A cada paso se exhibe la renegación impúdica. Se arrastra por el lodo el pasado del partido, se califica la acción ilegal de tontería y de inconsciencia, y se comienza a preconizar la adaptación al régimen stolypiano. Así, pues, al lado del partido liberal tenemos el partido obrero stolypiano.

Los liquidadores habían adoptado como principal reivindicación la libertad de coalición, y trataban de hacer creer que los bolcheviques estaban en contra.

---

1 Organo de los kadetes. (N. del T.)

Los bolcheviques, evidentemente, eran favorables a la libertad de coalición, pero decían que la clase obrera no la obtendría de la monarquía zarista. Los mencheviques liquidadores habían vuelto a la teoría de los derechos parciales, en boga en tiempos de los economistas. Del mismo modo que los economistas, hacia 1898, declaraban que era necesario, al principio, limitarse a presentar reivindicaciones parciales a la autocracia y no lanzar la consigna del derrumbamiento del zarismo, los liquidadores reemplazaban la lucha revolucionaria contra la monarquía zarista por las reivindicaciones parciales (libertad de Prensa, etc.) en el marco de la autocracia.

Finalmente, la escisión entre bolcheviques y mencheviques se hizo completa: los primeros continuaban poniendo a la cabeza de su programa la revolución, y los segundos, proponiendo reformas en el marco del Estado monárquico. Los mencheviques degeneraron en reformistas declarados; los bolcheviques continuaron siendo revolucionarios. Quien quiere la libertad de coalición, decíamos nosotros a los obreros, debe derribar al zar, que no la concederá jamás. Quien quiere la libertad de coalición, respondían los mencheviques, debe derribar el partido ilegal, adaptarse al régimen actual y convertirse en socialdemócrata.

LOS MENCHEVIQUES *PARTIITSI*

Además de estos dos grupos fundamentales del menchevismo, uno de los cuales, dirigido por Martov, continuaba en el partido para desagregarlo, en tanto que el otro, con Potressov a su cabeza, se intitulaba abiertamente liquidador, hubo un tercero, dirigido por Plejánov. Volviendo a sus primeros amores, Plejánov se colocó al lado del partido revolucionario ilegal, y constituyó un grupo distinto, el de los mencheviques *partiitsi*. Colaboró en el órgano central ilegal del partido, *El Socialdemócrata*, cuyos redactores éramos Lenin y yo, por los bolcheviques; Varski, por la socialdemocracia polaca; Martov y Dan, por los mencheviques. En calidad de menchevique *partiitsi*, Plejánov escribió una serie de artículos brillantes en defensa del partido ilegal. Los mencheviques comenzaron a bromear y a decir que Plejánov había aguardado a la vejez para hacerse el «bardo de la acción clandestina». Pero Plejánov no se impresionó por eso, pues, al contrario que muchos mencheviques, se había, en su vida, conducido casi siempre como revolucionario.

Que se me permita recordar, a este respecto, unas líneas que he recogido en la *Historia de la socialdemocracia rusa*, de Martov, y que contribuirán a poner en claro la fisonomía de Plejánov. A principios de 1905, cuando la lucha contra el zarismo era particularmente violenta, Plejánov se pronunció francamente por el terror.

Hubo un momento, escribe Martov, en que el mismo Plejánov, que, sin embargo, había sido siempre adversario de los métodos terroristas, planteó en el Consejo del partido la cuestión de un acuerdo con los socialistas revolucionarios, respecto a los actos terroristas, que consideraba racionales en la situación de entonces. Sólo se rechazó la idea del acuerdo gracias a un ultimátum de Martov y de Axelrod, que amenazaron con abandonar el Consejo y recurrir al partido. Los elementos bolchevistas del partido se inclinaban también, cada vez más, hacia el terror; pero, en su conjunto, el partido continuó oponiéndose.

Este episodio demuestra que Plejánov, en todo caso, no era un doctrinario seco. Combatía el terror cuando veía que descomponía el partido y perjudicaba a la lucha de masas; pero cuando vio aproximarse el momento decisivo, juzgó necesario ponerlo al orden del día.

Plejánov, «bardo de la acción clandestina»

En el curso de los penosos años 1909, 1910 y 1911, Plejánov prestó servicios inapreciables al partido, al hacerse el «bardo de la acción clandestina». Nos sostuvo en nuestro órgano periodístico ilegal, primero, y después en nuestro órgano legal, estimulando a la parte bolchevista de la fracción parlamentaria y ayudándonos enérgicamente en la lucha contra los que enterraban el partido ilegal. Su apoyo era de suma importancia, teniendo en cuenta el estado de espíritu que reinaba entonces, y que cuesta trabajo representarse hoy. Después del aplastamiento de la revolución, cuando numerosos militantes nuestros habían tenido que pasar la frontera y la desmoralización se dejaba sentir en todas partes, no había organización local en que no hubiera un provocador; los militantes se vigilaban, se temían unos a otros, nadie tenía confianza en su vecino. La pornografía florecía en la literatura, el estado de espíritu de Sanin[1] penetraba en los medios intelectuales revolucionarios. La Duma de Imperio era el baluarte de la peor reacción. El partido se pulverizaba en pequeños grupos, condenados a la impotencia, al mismo tiempo que los liquidadores

---

[1] Nombre del principal héroe de la célebre novela de Artsibachev, intitulada Sanin. (N. del T.)

entonaban el *De profundis* del partido ilegal. Entonces fue cuando Plejánov, que era una autoridad entre los mencheviques, comenzó a combatir vigorosamente a los liquidadores. Su apoyo fue de los más preciosos para los bolcheviques, que sostenían la idea de un partido ilegal.

Es en la adversidad donde se reconoce a los jefes verdaderos. Fue en esta época, penosa entre todas, cuando Lenin se reveló verdaderamente como un jefe superior. En aquellos días de depresión, de apostasía y de hundimiento, en que nadie creía ni en la revolución ni en el partido, tuvo que defender solo —o casi solo— la idea del partido por la palabra, por la pluma y por la acción.

Así, pues, en esta época, los mencheviques estaban divididos en dos campos principales: los liquidadores, con Potressov y Larin, y los *partiitsi*, con Plejánov. Existía, además, una tercera corriente intermedia, que, dirigida por Martov y Dan, se acercaba mucho a la de los liquidadores. Entre los bolcheviques, las dos tendencias que habían surgido a propósito del boicot a la tercera Duma se habían acentuado, y defendían concepciones mucho más generales. Se habían constituido dos campos: los partidarios y los adversarios de la utilización de las posibilidades legales.

Hacia 1909, la lucha entre los bolcheviques revistió un carácter bastante agudo. Al principio de la tercera Duma habíamos discutido para saber si había que participar en ella. Ahora, la tendencia del boicot se había cristalizado en una fracción que tenía un nombre especial: el *otsovismo*. El grupo bolchevista se había dividido en tres cuestiones: *otzovismo*, *ultimatismo* y *deísmo*, de las cuales es necesario dar una explicación detallada. Comencemos por el otzovismo.

EL OTZOVISMO

Una parte de los bolcheviques y de las organizaciones locales, e incluso, durante cierto tiempo, el Comité regional de Rusia central, se pronunciaron por la retirada[1] de los diputados socialdemócratas de la tercera Duma. Según ellos, un revolucionario verdadero no tenía nada que hacer en la Duma zarista, que era una institución archirreaccionaria. Los que habían entrado en ella se habían hecho liquidadores y habían renegado la revolución. La utilización de las posibilidades legales era irrealizable, en la situación de entonces, y un bolchevique digno de este nombre no tenía nada que hacer en un sindicato o en un club obrero que funcionase bajo la vigilancia de la policía. Considerando errónea y oportunista la utilización de las posibilidades legales, preconizada por Lenin, los otzovistas acusaban a éste y a sus adeptos de evolucionar hacia la derecha, de no creer ya en la revolución.

Era ésta una tendencia sumamente peligrosa y que servía a los liquidadores. Los otzovistas estaban dirigidos por Stanislas Volsky (intelectual moscovita; se hizo menchevique durante la revolución de octubre, y más tarde guardia blanco abiertamente) y Aleksinsky. Los sostenían, más o menos, A. Bogdanov (filósofo y economista; publicó, después de la revolución de febrero, un folleto defensista; ahora ha abandonado el partido) y Lunatcharsky. La desgracia era que, por odio a la Duma zarista y a los liquidadores, no pocos excelentes obreros revolucionarios sostenían el otzovismo.

En el periódico de la fracción bolchevista, *El Proletario*, redactado por Lenin, Kámenev y yo, llamábamos a los otzovistas «liquidadores de izquierda»,

1 La palabra otsovismo viene de la palabra rusa otziv, que quiere decir «retirar». (N. del T.)

demostrando que su idea, exteriormente revolucionaria, tendía en realidad a separarnos de las masas
obreras y de su lucha cotidiana. Los mencheviques
deseaban precisamente que abandonásemos los sindicatos y la Duma de Imperio, y que nos alejásemos
de los medios obreros. Habrían estado encantados de
vernos encerrarnos en pequeños círculos estrechos y
alejarnos completamente de la vida política. Lo repito: el otzovismo era muy peligroso, y si no lo hubiése-
mos combatido enérgicamente, el partido no hubiera
sido un partido de masas.

La fuerza del bolchevismo es haber sabido, en todas las etapas de su duro camino, ligarse a las masas
y dar solución, no solamente para las cuestiones fundamentales de la revolución, sino para todas las cuestiones diarias de la vida obrera. Careciendo demasiado frecuentemente de esta flexibilidad, los jóvenes
partidos comunistas que se constituyen actualmente
en los otros países tienen tendencia a transformarse
en sectas; se repliegan sobre sí mismos y abandonan
a las masas, como le ha ocurrido en un momento al
partido italiano. Desde este punto de vista, repiten
los errores del otzovismo, errores que, en su forma
actual, han sido superiormente analizados y vigorosamente combatidos por Lenin en *La enfermedad in-
fantil del comunismo*.

EL ULTIMATISMO

La palabra ultimatismo viene de *ultimátum*. Acusan-
do a Lenin de caer en el oportunismo, cierto número
de bolcheviques, muy influyentes entonces, consti-
tuyeron una fracción distinta: la de los ultimatistas.

Dirigían esta fracción A. Bogdanov,[1] autor de una *Economía política*; A. Lunatcharsky, Pokrovski y algunos otros camaradas caracterizados. También la sostenía Gorki, que estaba entonces completamente «a izquierda».

A decir verdad, la diferencia entre el otzovismo y el ultimatismo era muy ligera. En lugar de la retirada inmediata y sin condiciones de los diputados socialdemócratas de la Duma, los ultimatistas querían que se comenzase por exigir de ellos un cambio radical de táctica; los que no se sometieran al *ultimátum* tendrían que dejar el partido. Era el otzovismo en una forma un poco atenuada. No comprendiendo que la palabra revolucionaria pronunciada en la tribuna de un Parlamento archirreaccionario tendría una gran resonancia en toda Rusia, los ultimatistas querían, por medio de su *ultimátum*, obligar a nuestros diputados a retirarse de la Duma. Gozaban los ultimatistas de una gran influencia en la fracción bolchevista, así como en nuestro Comité central. Prácticamente, hacían siempre frente único con los otzovistas.

EL DEÍSMO

En fin, existía entre los bolcheviques una tercera tendencia, llamada deísmo, y representada principalmente por Lunatcharsky y Máximo Gorki. Esta corriente encontró su expresión en cierto número de artículos de Lunatcharsky y en las *Confesiones,* de Gorki.

---

1 A. Bogdanov, que, como he dicho, ha abandonado ahora el partido, sostuvo los puntos de vista contrarrevolucionarios del grupo de Rabotchaia Pravda (La Verdad Obrera), y durante cierto tiempo trató de hacer triunfar sus teorías en los «Centros de cultura proletaria» (Proletkults) y las Facultades obreras. Hacia 1908 era uno de los directores más influyentes del bolchevismo.

Afirmando no creer en el Dios vulgar, usual, los deístas se fabricaban una divinidad especial, casi marxista, y por ese medio rendían tributo a las tendencias religiosas de la época. En ese tiempo, la descomposición que sigue inevitablemente a las graves derrotas se dejaba sentir en todos los dominios de la ciencia y de la literatura. El florecimiento de la pornografía iba de par con el del misticismo y la religiosidad. Esta atmósfera especial no dejó de influir en algunos de los espíritus más refinados de nuestro partido, y, entre otros, en Gorki y Lunatcharsky. Estos intentaron, por extraño que parezca, casar su deísmo con el otzovismo. Habiendo reunido en las organizaciones a una veintena de obreros de los más capaces, los llevaron a la isla de Capri para enseñarlos, decían, el marxismo. Prácticamente, les enseñaban mucho más el deísmo y el otzovismo que el marxismo. Sus alumnos eran, en su mayor parte, excelentes personas, y muchos de ellos ocupan hoy puestos importantes en nuestra República. Escucharon gustosos las lecciones de marxismo y de historia literaria de Gorki, pero no mordían en el otzovismo. Y cuando se trató de deísmo, el instinto proletario se rebeló en ellos y declararon: «¡No, eso no!» Finalmente, la mitad de ellos, bajo la dirección del obrero Vilonov, se fugaron, una buena noche, de la isla de Capri y fueron a reunirse con Lenin y con los otros bolcheviques que editaban entonces, en París, *El Proletario*. Después de haber pasado cierto tiempo en nuestra escuela, volvieron a Rusia como representantes de nuestra tendencia.

La escuela de nuestro partido en el extranjero desempeñó un gran papel. En esta época, en que el partido estaba reducido a nada, ese grupo de veinte obreros directores fue una fuerza, casi el Comité central de nuestro partido. Bogdanov y consortes trataron, con el pretexto de una escuela del partido, de oponer su fracción otzovista-ultimatista a Lenin, pero su tentativa tuvo muy poco éxito. Nuestro grupo respondió fundando una escuela obrera bolchevista en Longjumeau, cerca de París. Esta escuela, cuyos principales organizadores fueron Ordjonikidze y Schwartz, desempeñó un papel importante en la preparación de la Conferencia panrusa del partido, que se celebró en Praga, y en la restauración del partido bolchevique ilegal.

La lucha contra el otzovismo y las otras tendencias antibolchevistas

Tuvimos que sostener contra el otzovismo, el ultimatismo y el deísmo una lucha encarnizada, que terminó por una escisión en la fracción bolchevista. Hicimos venir a una serie de delegados de San Petersburgo, de Moscú y de otras ciudades, y convocamos en París una Conferencia bolchevista, en la cual excluimos de nuestra fracción a los deístas, así como a Bogdanov y consortes. Este momento de la historia del bolchevismo es de los más importantes. (Para más detalles, se puede ver la colección del periódico *El Proletario,* donde Lenin publicó, a este respecto, una serie de artículos brillantes, que se pueden encontrar ahora en sus *Obras completas.)* La lucha fue sumamente penosa, pues nuestros adversarios contaban con hombres que gozaban de gran autoridad en el partido. El bolchevismo no se constituyó definitivamente hasta después de esta lucha contra la «izquierda». Nuestros adversarios nos reprochaban nuestra alianza con Plejánov. Pero ésta estaba enteramente justificada, y aún ahora hacemos frente único con los plejanovistas, en defensa del materialismo. Lunatcharsky y Bogdanov eran, en filosofía, adversarios de Marx, y Bogdanov era, y es aún, partidario de Ernst Mach, cuya filosofía no tiene nada de común con la de Marx, como Lenin ha demostrado en su obra sobre el empiriocriticismo. Si hicimos alianza con Plejánov, fue, lo repito, por defender el materialismo histórico. Y el bolchevismo no se constituyó definitivamente hasta después de haber combatido, no solamente el liquidacionismo y el menchevismo, sino también a los liquidadores de izquierda y a los otzovistas. Estos últimos tomaron el título de nuestro peródico *Vperiod! (¡Adelante!)*, que aparecía en 1905, para una revista que editaron. Los *vperedovtsi* se proclamaban los únicos verdaderos bolcheviques, y colocaban a los leninianos en la derecha.

La historia de las luchas contra todas las tendencias es particularmente preciosa para los que quieren familiarizarse con la base teórica del bolchevismo. Los bolcheviques no han pretendido jamás estar más a izquierda que los demás, en el sentido vulgar del término. Siempre hemos rechazado y combatido resueltamente el «izquierdismo» que va hasta el deísmo, hasta el futurismo. Y, en esta lucha, los bolcheviques ortodoxos se han templado contra el reformismo disolvente, así como contra el idealismo vago y el otzovismo, que no era, en el fondo, otra cosa que el espíritu de aventura aplicado a la política.

La lucha por la regeneración ideológica del partido duró todo el año 1909. La situación, lo repito, era sumamente penosa. El espíritu revolucionario se debilitaba en un gran número de camaradas. Nuestro partido se desmigajaba en grupos, subgrupos y fracciones. Un pequeño grupo de conciliadores, que se intitulaban bolcheviques *partiitsi,* se destacó igualmente de los leninianos. Por sus vacilaciones, hizo mucho daño

al partido y sirvió considerablemente a los liquidadores. Varios de sus miembros, como M. Lubimov,
se unieron más tarde a los mencheviques defensistas;
otros, como Rykov y Sokolnikov, comprendieron su
error y volvieron con los bolcheviques leninianos. En
estos tiempos, nuestra tarea fue reunir, piedra a piedra, los materiales del partido, preparar su regeneración y, sobre todo, defender las bases mismas del
marxismo contra todos los que lo desnaturalizaban.

Este periodo de la historia del bolchevismo ha sido
rudo, pero glorioso. Si el bolchevismo hubiera hecho
entonces concesiones teóricas o políticas a sus adversarios, no habría podido desempeñar su papel histórico. Por eso, esta página de nuestra historia merece
un estudio atento por parte de nuestra juventud, sobre todo en la hora actual, en que surgen aquí y allá
teorías que recuerdan en no pocos puntos las de la
época que acabo de describir.

La multiplicidad de grupos, subgrupos, fracciones
y tendencias en nuestro partido suscitaba entonces
numerosas recriminaciones entre los obreros, y frecuentemente también las burlas de nuestros adversarios. En uno de los Congresos de la socialdemocracia
alemana, el presidente actual de la República, Ebert,
se burló públicamente de nuestras «sempiternas» di-
visiones. Fueron necesarias toda la clarividencia y la
energía de Lenin para mantener estrictamente la línea del bolchevismo ortodoxo, en el curso de nuestra
lucha contra esos innumerables grupos y fracciones.
Aún ahora surgen de cuando en cuando en el interior
y en torno al partido, grupos, tendencias que no son,
la mayor parte, más que desviaciones pequeño-bur-
guesas del leninismo, y que nuestros jóvenes camaradas deben saber analizar, desenmascarar y combatir.

CAPÍTULO VI

Los años de la reacción stolypiana fueron sumamente peligrosos, críticos incluso, para la existencia del partido. Se puede resueltamente afirmar que, en este período penoso, el partido, como organización panrusa, no existía. Se había fragmentado en pequeños grupos aislados, donde reinaba el abatimiento, consecuencia del aplastamiento de la revolución. En semejante situación, la vida en común en el partido con los mencheviques estaba preñada de peligros. Los liquidadores señalaban con mala intención que el partido como un todo, como organización de conjunto, no existía. Y en tanto que cada revolucionario devoto al partido llegaba a la conclusión de que era necesario trabajar con todas sus fuerzas por reconstruirlo, los mencheviques, por el contrario, se regocijaban de la desorganización del partido y trataban de constituir una nueva organización, sin relación ideológica con la antigua. Durante algunos años, bolcheviques y liquidadores sostuvimos una lucha sorda. Como hemos dicho, no faltaron grupos de conciliadores que se esforzaban por encontrar una línea intermedia, por reconciliar a las dos partes.

La Conferencia de París (1908)

La primera tentativa de conciliación se hizo en diciembre de 1908, en la Conferencia panrusa del partido, reunida en París. A ella asistían todos los representantes del partido en el extranjero y una serie de delegados de los Comités que trabajaban en Rusia. El grupo de Martov, que constituía el centro entre los mencheviques *partiitsi* y los liquidadores, asistía igualmente a la Conferencia, para continuar en ella minando y desorganizando el partido. La fracción parlamentaria también había sido invitada, en la persona de Tchkeidze. Pero éste no vino. Su abstención, voluntaria, reflexiva, tenía una seria significación política. Aunque rodeada de excusas diplomáticas, significaba que la fracción de la Duma, de la cual Tchkeidze era el jefe, no quería reconocer la autoridad del partido y se consideraba por encima de él. En otros términos, la fracción parlamentaria demostró una vez más, por esta actitud, sus simpatías por Tos liquidadores.

La Conferencia de París adoptó resoluciones políticamente más o menos justas, pero que condenaban, en una forma muy moderada, el liquidacionismo. La Conferencia y el Comité central de entonces (elegido en el Congreso de Londres) deseaban permanecer en buenos términos con el grupo de Martov. Por eso no podían declarar francamente la guerra al liquidacionismo, y se limitaron a oponerle fórmulas teóricas. Así, pues, careciendo de franqueza, la Conferencia de París no fue muy útil al partido, tanto más porque era el momento en que la contrarrevolución florecía, en que Stolypin estaba en el apogeo de su poderío y en que sólo una cruzada contra el partido obrero stolypiano podía dar resultados prácticos.

ÚLTIMA ASAMBLEA PLENARIA DEL COMITÉ CENTRAL

A principios de 1910, en la Asamblea del Comité central del partido, celebrada en París, se hizo otro ensayo de conservación de la unidad con los mencheviques. Esta fue la última Asamblea plenaria en que participaron bolcheviques y mencheviques, pues los acontecimientos ulteriores pusieron fin a su colaboración.

Dos grupos de bolcheviques entraron entonces en escena: los bolcheviques conciliadores o bolcheviques *partiitsi* y los bolcheviques intransigentes, que se intitulaban bolcheviques ortodoxos. El primer grupo comprendía a varios camaradas que ocupan hoy puestos de importancia en el partido (Rykov, Sokolnikov, Vladimirov, Losovsky, etc.). Su líder era Dubrovinsky,[1] uno de los militantes más abnegados y más notables, tanto por su prestigio personal como por los inmensos servicios que prestó a la organización. En 1909-1910, cuando la necesidad de la ruptura con los mencheviques era ya clara, Dubrovinsky cometió la falta política de asirse a la idea de la unidad, persistiendo en afirmar que había que colaborar, a pesar de todo, con los mencheviques. Su grupo hizo un bloque con elementos —los mencheviques *partiitsi*— que explotaban la idea de la unidad con fines personales. Entre estos últimos es preciso incluir a una parte de los bundistas, a Trotski, que editaba entonces en Viena un periódico obrero popular, *Pravda*, y sostenía a los liquidadores, así como a una parte de los socialdemócratas polacos. Los mencheviques golossistas,[2] virtuosos de la intriga política, se dieron

1 Deportado por el zarismo, murió en Siberia.
2 De la palabra rusa Goloss, título del periódico editado en el extranjero por Martov, Dan y consortes.

inmediatamente cuenta del error de los bolcheviques conciliadores y se aprovecharon de él.

Dubrovinsky y sus partidarios hicieron adoptar una resolución en que se afirmaba la necesidad del trabajo en común con los mencheviques. Pero, al mismo tiempo, se votó una resolución contra el liquidacionismo y el otzovismo. Esta incoherencia se explica por el hecho de que se consideraba entonces a los mencheviques liquidadores como hermanos que se equivocaban y que, la mayor parte, juzgarían en lo sucesivo un deber conformar su acción a las decisiones de la Asamblea plenaria.

En suma, en esta Asamblea, los leninianos obtuvieron satisfacción en todas las cuestiones de principio, pero todas las decisiones sobre la organización fueron favorables para los conciliadores. Lenin y sus adeptos se daban perfectamente cuenta de que ésta era una situación intolerable, pero estaban en minoría en la Asamblea y no les quedaba otro recurso que someterse.

Esta fue la última tentativa de conservar la unidad con los mencheviques. Pero esta tentativa, que había encontrado su expresión en las resoluciones dobles de la Asamblea plenaria, fracasó por varias razones. En primer lugar, un grupo de liquidadores descarados que trabajaban en Rusia (Román, Mijail, Yuri), se negó, en una forma provocativa, a someterse a la decisión de la Asamblea plenaria; en segundo lugar, Trotski, a pesar de las decisiones adoptadas, se puso a sostener aún más abiertamente a los liquidadores, de suerte que los bolcheviques conciliadores se alejaron de él y que Kámenev abandonó la redacción de su periódico, adonde había sido delegado por el Comité central; en tercer lugar, Plejánov emprendió una vigorosa lucha contra las resoluciones inconsistentes de la Asamblea de conciliación y reforzó así la posición de los bolcheviques leninianos. Al mismo tiempo, el movimiento obrero comenzaba a reanimarse en Rusia, lo que agravó aún las disensiones entre bolcheviques y mencheviques. Toda conciliación era ya imposible. La tendencia leniniana adquirió de nuevo la hegemonía en la fracción bolchevista y desde entonces pudimos dar a nuestro trabajo toda su extensión.

LOS ACONTECIMIENTOS DEL LENA. RENACIMIENTO DEL MOVIMIENTO OBRERO

Poco tiempo después de la Asamblea plenaria de París, el movimiento huelguístico, tímido al principio, recomenzó en Rusia. Los bolcheviques pudieron hacer aparecer algunas publicaciones legales, donde, a pesar de las persecuciones del Gobierno, oponían los puntos de vista marxistas a los de los liquidadores. La huelga del Lena y los acontecimientos que la sucedieron inauguraron un período nuevo para el movimiento revolucionario ruso. La reacción del 3 de junio comenzó a declinar. Las ejecuciones y los asesinatos de revolucionarios habían asfixiado el movimiento, pero, después de las jornadas del Lena, era claro que la clase obrera, más fuerte que nunca, se levantaba de nuevo para la lucha.

EL PERIÓDICO *ZVIEZDA*

Logramos crear nuestro primer periódico legal, después de la derrota de la revolución: *Zviezda*. Al principio, fue el órgano de los bolcheviques y de los mencheviques plejanovianos. La dirección efectiva estaba en el extranjero, desde donde Lenin, Plejánov y otros enviaban artículos, orientando la actividad del partido. En San Petersburgo se encontraba una redacción oficial, formada por Poletaiev, obrero bolchevista, miembro de la Duma de Imperio, y del diputado Pokrovski, menchevique plejanoviano. *Zviezda* fue, al principio, un periódico muy circunspecto y, como era el órgano de la coalición de bolcheviques y de plejanovianos, su línea política carecía forzosamente de claridad. Pero, muy rápidamente, se transformó en órgano de combate del movimiento obrero renaciente. Se ligó cada vez más estrechamente a este movimiento y perdió progresivamente su carácter coalicionista. Al final, el grupo Plejánov pasó casi completamente al último plano, y *Zviezda* fue definitivamente nuestro órgano bolchevista de batalla. Apareció primero dos veces y luego tres veces por semana.

Misión e importancia de *Zviezda*

Zviezda desempeñó, para la generación de obreros que se había asimilado la experiencia de 1905, el mismo papel que *Iskra* para la generación de trabajadores conscientes, en los primeros años del siglo xx. Reunió bajo su bandera a lo mejor de los obreros de San Petersburgo y de toda Rusia. Tímidamente al principio, después con una audacia y una franqueza crecientes, sostuvo una lucha implacable contra los liquidadores, como, en su época, *Iskra* contra los economistas. No se empleaba ya el lenguaje, más o menos diplomático, de fines de 1908, o de la Asamblea plenaria de 1910. *Zviezda* era el órgano de un grupo militante, que pegaba a derecha e izquierda, defendía vigorosamente su línea política y continuaba enérgicamente su camino, a pesar de sus innumerables enemigos. *Zviezda* preparó la aparición de *Pravda,* que comenzó a publicarse después de la Conferencia de Praga.

LA CONFERENCIA BOLCHEVISTA DE PRAGA

En la época en que *Zviezda* pasó a ser el órgano de combate de los bolcheviques leninianos, se consumó la escisión entre éstos y los mencheviques. Después de la Conferencia de 1908, y, sobre todo, después de la Asamblea plenaria de 1910, estábamos resueltos a no colaborar más con los mencheviques liquidadores. Esperábamos el momento favorable para romper definitivamente con ellos y crear nuestra organización autónoma, a base del movimiento obrero en recrudecimiento.

A principios de 1912, nuestro grupo juzgó llegado ese momento y convocó, en Praga, una Conferencia, que reconstituyó nuestro partido, destruido después de 1905. Esta Conferencia tiene gran interés histórico. Entre otros, asistían a ella dos o tres delegados partidarios de Plejánov, venidos directamente de Rusia. Plejánov no había querido participar en la Conferencia, suponiendo, «con razón», que tenía por objeto la escisión con los mencheviques liquidadores, escisión que, a pesar de todo, hubiera querido evitar.

COMPOSICIÓN Y RESULTADOS DE LA CONFERENCIA DE PRAGA

En Praga, los bolcheviques tenían una aplastante mayoría. En la Conferencia estaba representada la nueva capa de obreros bolchevistas, que se habían agrupado y habían madurado políticamente durante el período de contrarrevolución de 1907 a 1911. Se vio en ella, por primera vez, a Zalutsky, Serebriakov (que trabaja hoy en el Comisariado de Vías y comunicaciones); Voronsky (redactor de *Krasnaía Nov)*; Ordjonikidze (que milita ahora en el Cáucaso), y otros camaradas que no habían participado en la revolución de 1905, o que entonces eran aún desconocidos. Todos esos hombres representaban a una nueva generación de bolcheviques, crecida bajo la contrarrevolución, y era muy importante para nosotros ponernos orgánicamente en relación con ellos, a fin de utilizar la experiencia que habían adquirido.

La Conferencia de Praga, compuesta de una veintena de delegados solamente, y dirigida por Lenin, tuvo la audacia de proclamar que sólo ella representaba al partido y de romper, de una vez y para siempre, con todos los otros grupos y subgrupos. La Conferencia derribó al viejo Comité central y declaró: Nosotros somos el partido; nosotros levantamos el estandarte del partido bolchevique; quien no está con nosotros, está contra nosotros, y combatiremos con encarnizamiento a todos los que se nieguen a luchar contra los liquidadores.

La Conferencia de Praga eligió un nuevo Comité central, que tuvo como presidente a Lenin, integrado por el difunto Spandarian. Ordjonikidze, Stassova, Stalin, Zinóviev y Malinovsky, que fue reconocido más tarde como agente provocador.

La Conferencia de Praga hizo rechinar los dientes a los emigrados en el extranjero, las nueve décimas partes de los cuales eran entonces partidarios de los mencheviques. Los mencheviques nos cubrieron de injurias, afirmando que éramos unos usurpadores, que todos los bolcheviques habrían podido sentarse en el mismo sofá, que nuestra Conferencia tenía una importancia pasajera, pues nadie la consideraría valedera, y que no tendría ninguna influencia en el partido.

Pero no fue así. Si toda la emigración menchevista estaba contra nosotros, teníamos con nosotros a la nueva generación de los obreros revolucionarios de Rusia. Y la Conferencia nos permitió tender un puente entre los grupos obreros bolcheviques que nacían y nosotros y fundar el partido sobre nuevos principios.

FUNDACIÓN DE *PRAVDA*, DE SAN PETERSBURGO

Fue en la Conferencia de Praga donde se emitió la idea de la creación del diario *Pravda*. Uno de los más ardientes defensores de esta idea fue Voronsky. Su proyecto nos dejó, al principio, escépticos, pues nos costaba trabajo creer que la aparición de un diario bolchevista fuese cosa posible en Rusia zarista. Sin embargo, se decidió hacer una tentativa y realizar una agitación en este sentido.

Naturalmente, *Pravda* no se fundó como los otros periódicos; apareció gracias a los céntimos de los obreros y de las obreras. El aflujo creciente de recursos pecuniarios nos sirvió de barómetro para juzgar la simpatía de los obreros hacia nosotros. Hicimos una lista detallada de los grupos obreros que contribuían a la suscripción en favor de *Pravda*, y, en seguida que un grupo había entregado aunque fuesen veinte copecks, le inscribíamos en ella. Lenin se interesaba particularmente por esta estadística.

Al principio, *Pravda* fue también un órgano de coalición, pues tenía como colaboradores a bolcheviques y a mencheviques plejanovianos. Pero pronto los plejanovianos, que trataban de contentar a unos y a otros, fueron, por la fuerza de las cosas, eliminados de *Pravda*, que pasó a ser el órgano exclusivo de los bolcheviques leninianos.

LA CUARTA DUMA

Entretanto, llegaron las elecciones a la cuarta Duma de Imperio. Esta vez aún se produjo una discusión entre los bolcheviques sobre la cuestión de la participación en la campaña electoral. Pero la polémica fue menos violenta que en tiempos del primer choque con los partidarios del boicot. La mayor parte de los bolcheviques, sabiendo que debíamos utilizar las posibilidades legales, reconoció que había que participar en la Duma.

La ley electoral daba a los obreros de cada uno de los seis más grandes gobiernos industriales un representante. El procedimiento electoral era el siguiente: los obreros debían escoger delegados con plenos poderes; éstos, a su vez, elegían representantes, y en la Asamblea del Gobierno, donde disponían de una enorme mayoría, los *pomiestchiks* y la burguesía escogían uno de esos representantes como diputado. Así, pues, para llevar un bolchevique a la Duma había que llegar a que todos los representantes, sin excepción, fueran bolcheviques, a fin de que los *pomiestchiks* se vieran obligados a tomar un bolchevique.

Esta fue la tarea que los bolcheviques se asignaron y que realizaron brillantemente. Aunque los mencheviques tuvieran muchas más facilidades legales, los bolcheviques conquistaron la representación obrera en los seis gobiernos industriales. De buena o de mala gana, los *pomiestchiks* y los capitalistas estaban obligados a escoger un bolchevique. Trataban, es verdad, de eliminar al representante designado por nosotros; pero entonces todos los bolcheviques dimitían, y, en fin de cuentas, el que la organización quería enviar a la Duma acababa por ser designado. Es lo que ocurrió con Badaiev, que había sido elegido por la fábrica Alexandrovo, donde trabajaba como cerrajero. Fue a la Duma, aunque en la Asamblea general los octubristas y los kadetes tenían la mayoría. Así fueron elegidos igualmente para la Duma: Petrovski (Gobierno de Yekaterinoslav), Muranov (Gobierno de Jarkov), Samoilov (Gobierno de Ivánovo-Voznesensk), Chagov (Gobierno de Kostroma) y Malinovsky (Gobierno de Moscú).

EL PROVOCADOR MALINOVSKY

Malinovsky era un viejo militante obrero, presidente de la Unión de Metalúrgicos. Desde hacía largos años gozaba, especialmente entre los obreros de San Petersburgo, de una gran popularidad. Así, cuando llegó a Praga como delegado del grupo de los militantes sindicales, le acogimos con los brazos abiertos. Le procuramos una plaza en una fábrica de los alrededores de Moscú y le dimos la orden, de parte del Comité central elegido en Praga, de que permaneciese tranquilo durante todo un año, hasta las elecciones, a fin de no hacerse detener y de poder entrar en la Duma de Imperio. Así lo hizo.

Más tarde, como es sabido, Malinovsky fue reconocido como un agente provocador. Logró penetrar en la fracción de la Duma, en el Comité central del partido, en la redacción de *Pravda* y en la de *Rabotchi*

Put, de Moscú, en la fundación del cual tuvo la mayor participación. Sin embargo, a causa de la situación de entonces, la policía zarista no retiró de su maniobra todos los resultados que esperaba. Cierto, Malinovsky nos hizo bastante daño, pues, gracias a sus indicaciones, la Seguridad detuvo a más de cien de nuestros mejores militantes. Pero, de todos modos, los cálculos de la Okhrana (Seguridad) fallaron, pues Malinovsky, prisionero de las circunstancias, tuvo que hacer en la Duma intervenciones revolucionarias. Como los otros diputados, leía frecuentemente en la tribuna discursos escritos en el extranjero por Lenin o por mí. Presidente del grupo de los seis bolcheviques de la Duma, se vio obligado, para no perder su crédito, a ayudarnos en nuestro trabajo.

Mal equilibrado, pero con mucho talento, Malinovsky era una naturaleza bastante extraña. Descendiente de nobles polacos, había cometido en su juventud un delito de Derecho común, lo que le determinó a consagrarse a la acción ilegal, donde pronto se encontró cogido en las redes de la Okhrana. Después de haber renunciado a su acta de diputado, fue al extranjero y vino a presentarse a nosotros. El Comité central nombró una Comisión, compuesta por Lenin, Zinóviev y Ganetsky, para aclarar las acusaciones formuladas contra él. Esta Comisión reconoció por unanimidad que nada permitía sospechar de la lealtad política de Malinovsky. Como se vio más tarde, la Comisión se había equivocado. Sintiendo que no iba a tardar en ser desenmascarado, Malinovsky, en 1914, se alistó voluntario y fue enviado al frente. Fue hecho prisionero, y, como lo prueban numerosas cartas enviadas por prisioneros, hizo entre ellos propaganda bolchevista. Es poco probable que, en su situación, tuviese entonces razones de continuar desempeñando un doble papel. Después de octubre volvió voluntariamente a Rusia, se entregó a nosotros, fue detenido y trasladado a Moscú, donde fue condenado a muerte y ejecutado. El hecho de que Malinovsky viniera a entregarse él mismo a la justicia, siendo así que estaba casi seguro de ser fusilado, parece demostrar que había en este hombre dos naturalezas: la del revolucionario y la del agente provocador, que sucesivamente dominaban en él.

ESCISIÓN DE LA FRACCIÓN PARLAMENTARIA

Al mismo tiempo que nuestros seis diputados, había en la Duma un grupo de siete mencheviques, elegidos, sobre todo, por la pequeña burguesía del Cáucaso, y dirigidos por el famoso Tchkeidze, Este, que había sido ya miembro de la tercera Duma, había adquirido cierta popularidad, y a principios de la revolución de marzo de 1917 desempeñó un papel bastante importante. Cuando, con ayuda de *Pravda,* provocamos la escisión en la fracción parlamentaria, los mencheviques realizaron, entre los obreros de San Petersburgo y de toda Rusia, una agitación desenfrenada en torno a la idea de la unidad. Una vez más, explotaron esta idea contra nosotros, especulando con la atracción que ejerce la unidad sobre los obreros, que a veces razonan muy simplemente y dicen que cuanto más numerosos somos, tanto mejor. La clase obrera tiene necesidad de duras pruebas para comprender que, en ciertas situaciones, la escisión es un deber sagrado para un revolucionario y que es necesario romper la vieja organización transformada en contrarrevolucionaria, que dificulta la marcha de la clase obrera. Este era el caso de la organización del partido en los años 1908, 1909 y 1910. En Praga, en 1912, la escisión con los liquidadores se imponía, y se efectuó. Después, en 1912 y a principios de 1913, hubo la escisión entre *Pravda* y *Lutch (El Radio),* entre los seis bolcheviques de la Duma y los siete mencheviques dirigidos por Tchkeidze.

El «Bloque de agosto»

Para contrarrestar la Conferencia de Praga, los mencheviques, reunidos en Viena en agosto de 1912, en Conferencia panrusa, formaron lo que se ha llamado el «Bloque de agosto». En esta Conferencia participaban los liquidadores descarados, los mencheviques partidarios de Martov y el grupo de Trotski. Este colaboró activamente en la creación del bloque. Entonces sostenía una enérgica campaña contra nuestra *Pravda,* bolchevista, contra la escisión en la Duma, y consideraba que había que conservar a toda costa la unidad con la fracción de Tchkeidze. El «Bloque de agosto», que reunió varios grupos, se pronunció francamente contra nosotros. Declaró que la Conferencia de Praga se había arrogado sus poderes, condenó la escisión comenzada en la fracción parlamentaria y adoptó un programa liquidacionista.

Discusión sobre las reivindicaciones parciales

En el año 1912 se produjo igualmente un violento conflicto sobre las reivindicaciones parciales. Los bolcheviques, en su Conferencia de Praga, en *Zviesda* y en *Pravda,* y por su fracción parlamentaria, defendieron entonces las tres reivindicaciones fundamentales: República democrática, jornada de ocho horas, confiscación de las tierras de los *pomiestchiks*. A su vez, los mencheviques y el «Bloque de agosto» formularon su programa, que se distinguía radicalmente del nuestro. Eran la base de su agitación la libertad de palabra, de huelga, de reunión y de coalición. Dicho de otro modo, en lugar del programa revolucionario bolchevista, proponían un programa de reformas; en lugar de reivindicaciones fundamentales, reivindicaciones parciales. Los bolcheviques declaraban no tener nada que objetar a las reivindicaciones parciales y estar prestos a luchar por todo lo que pudiera mejorar, por poco que fuese, la suerte del obrero. Pero estimaban que toda agitación por las reivindicaciones parciales debía ir acompañada de una agitación por las tres reivindicaciones fundamentales. En pocas palabras, nuestra reivindicación principal era el derrumbamiento de la autocracia, en tanto que los mencheviques aceptaban la monarquía constitucional y querían adaptar el partido al régimen de Stolypin. Así, pues, se enfrentaron dos programas muy diferentes: el de Praga y el del «Bloque de agosto».

LA CUESTIÓN DE LA REPÚBLICA DEMOCRÁTICA

Reiteradas veces, los bolcheviques han reclamado la República democrática. Pero es preciso reconocer que en esta cuestión ha habido entre nosotros, de 1915 a 1917, un poco de equívoco, cierta falta de claridad. Desde 1905 considerábamos que Rusia iba derecha a la dictadura del proletariado y de los campesinos. Por consiguiente, estimábamos que, si nuestra revolución era victoriosa y harria a la autocracia, y si, además, coincidía con el principio de la revolución en Occidente, seria más que una revolución democrática: sería el principio de una revolución socialista. En las tesis de Lenin aparecidas en *El Socialdemócrata*, en 1916, continuábamos hablando de revolución democrática, en tanto que la ola revolucionaria comenzaba a elevarse. Sólo más tarde, viendo los profundos cambios operados por la guerra imperialista en Rusia y en el mundo entero, así como el desenvolvimiento formidable del movimiento obrero provocado por la revolución de marzo de 1917 los bolcheviques formularon definitivamente su programa: revolución proletaria socialista, y hablaron de un nuevo tipo de Estado: el Estado sovietista. Hubo un tiempo en que bolcheviques y mencheviques reclamaban igualmente la República democrática. Pero lo que querían los mencheviques era la República burguesa ordinaria, en tanto que los bolcheviques daban a esta reivindicación de la República democrática un sentido mucho más revolucionario.

EVOLUCIÓN DEL BOLCHEVISMO

Esta evolución de las concepciones bolchevistas de 1905 a 1917 es innegable. Y no se realizó sin conflictos, e incluso, en vísperas de octubre, sin desacuerdos peligrosos. Durante demasiado tiempo, varios de nosotros creíamos que, en nuestro país, rural por excelencia, no se lograría saltar de un solo golpe a la revolución socialista. En 1917 aún, esos bolcheviques se limitaban a esperar que, si nuestra revolución coincidía con el comienzo de una revolución proletaria internacional, podría ser el preludio de una revolución proletaria, No comprendían que la guerra de

1914 había avanzado considerablemente la hora del triunfo del socialismo. Esta guerra, es verdad, hacía innumerables víctimas, pero minaba las bases del capitalismo, destruía su equilibrio, acercaba 1-a revolución mundial y permitía a nuestro partido plantear en Rusia, de una manera concreta, la cuestión de la revolución proletaria. Esta marcha de los acontecimientos hacía inevitable la evolución del bolchevismo en el sentida que he indicado.

Las divergencias que se produjeron en nuestro Comité central inmediatamente antes de la revolución de octubre e inmediatamente después, giraron, en parte, en torno a estos problemas. Una parte de los bolcheviques (y yo estaba entre ellos) cometió la falta enorme de continuar considerando a los mencheviques, y en parte a los socialistas revolucionarios, como una fracción del movimiento socialista, y no como enemigos de clase, juzgábamos a los mencheviques y a los socialistas revolucionarios menos contrarrevolucionarios de lo que eran en realidad, y de esta apreciación sacábamos conclusiones profundamente erróneas, que Lenin combatió vigorosamente, y con razón. Nuestro desacuerdo, felizmente, no fue de larga duración. Al cabo de algunas semanas reconocimos nuestro error, y el partido se encontró más unido que nunca.

BOLCHEVIQUES Y LIQUIDADORES EN LA VÍSPERA DE LA GUERRA DE 1914

¿Qué es lo que nos separaba del «Bloque de agosto»? Simplemente el hecho de que nosotros éramos partidarios de un programa revolucionario en tanto que nuestros adversarios preconizaban un programa de reformas, un compromiso con la monarquía constitucional, pues no creían en la posibilidad de la revolución. Lo que nos separaba de ellos no eran divergencias sobre el carácter de la revolución futura: era el hecho de que no deseaban la revolución, que no la querían y que se adaptaban a la monarquía constitucional de entonces.

Observando con atención el camino seguido por el proletariado durante la guerra imperialista, nos alejábamos poco a poco de la fórmula «Dictadura democrática de los obreros y de los campesinos» para acercarnos a ésta: «Dictadura del proletariado». Pasábamos de la fórmula «Revolución democrática íntegra» a la fórmula «Poder de los soviets y revolución proletaria»; de la fórmula «Asamblea constituyente», que defendíamos aún durante el verano de 1917, a la fórmula «Poder sovietista».

Así, pues, hacia fines de 1912, después del «Bloque de agosto» y de los duros años de reacción, dos fuerzas se alzaban frente a frente: de una parte, los bolcheviques, que se habían restablecido de sus pérdidas y habían fundado un nuevo partido; de otra, los mencheviques liquidadores, los conciliadores y los partidarios de la unidad a toda costa, que, reunidos bajo la bandera de las reivindicaciones parciales, se esforzaban por crear un partido legal adaptado a la monarquía constitucional.

¿Qué hacía durante este tiempo la clase obrera? La efervescencia era cada vez más grande. Al principio, el movimiento se manifestaba por huelgas. En 1912 y 1913, San Petersburgo, Moscú y los otros centros obreros eran teatro de huelgas ininterrumpidas-. Se sentía que los obreros reconquistaban conciencia de su fuerza y ponían sus músculos en tensión. Aprovechaban todas las ocasiones de transformar una huelga económica en huelga política.

Los mencheviques tomaron inmediatamente posición contra este movimiento de huelgas, cuyo peligro sentían. Su periódico *Lutch*, su bloque y la fracción Tchkeidze se elevaron contra los obreros de San Petersburgo, que, decían, se abandonaban a la «pasión de la huelga». Pero sus artículos no dieron los frutos que ellos esperaban: al leerlos, los obreros comprendían quiénes eran sus amigos y quiénes sus enemigos.

Victoria de *Pravda*

Pravda arrebataba progresivamente a los mencheviques las fábricas donde tenían la mayoría. Los obreros enviaban a nuestro periódico —especie de estado mayor y de centro de organización— centenares de cartas. Las asambleas sindicales, y en particular las elecciones en el Sindicato de Metalúrgicos y en la Dirección de las Cajas de Seguros, se desarrollaban bajo la égida de *Pravda*, que presentaba sus listas de pravdistas o de marxistas consecuentes, defensores de la democracia obrera y de las reivindicaciones íntegras. En su periódico, los mencheviques atribuían sus derrotas continuas a la boga pasajera de *Pravda* en la clase obrera de San Petersburgo y en las principales ciudades de Rusia. No comprendían nada del nuevo movimiento revolucionario, atribuyéndolo al azar y taponándose los oídos para no oír el clamor que subía de los barrios obreros.

Pravda fue objeto de represiones violentas. Era suspendida, le infligían multas por cada artículo, se detenía a sus redactores, sus colaboradores y sus empleados, hasta el punto de que, durante cierto tiempo, fue incluso imposible encontrar un corrector. Pero los heroicos trabajadores de San Petersburgo sostenían a *Pravda*, que, a pesar de las persecuciones, se reforzaba cada día. Cuanto más perseguido era nuestro diario, más le querían las masas obreras, que reunían, literalmente, perra chica a perra chica, el dinero necesario para su existencia y para el pago de las multas, e infatigablemente le suministraban nuevos redactores, condenados de antemano a ir a la cárcel. Todas las astucias de la policía (que, a veces, hacía guardia a la puerta de la imprenta para confiscar los primeros ejemplares) fracasaban, gracias a la vigilancia y a la energía de los obreros de San Petersburgo, que habían organizado superiormente la distribución del periódico. Aún no estaba seca la tinta, y ya centenares de obreros y de obreras, con sus hijos, distribuían disimuladamente *Pravda* por las fábricas. Se leía y se comentaba *Pravda* en cada familia obrera, y en la historia del bolchevismo y de nuestra revolución corresponde, indudablemente, a este periódico una plaza de honor.

LA GUERRA Y LA REVOLUCIÓN

En 1913, y, sobre todo, a principios de 1914, el movimiento obrero entró en una fase nueva, pasando de las huelgas a las manifestaciones y a los combates en las calles. A principios de 1914 aparecieron las primeras barricadas en San Petersburgo, y las huelgas tomaron una amplitud y una impetuosidad irresistibles. Sin la guerra, habríamos tenido seguramente en 1915 acontecimientos análogos a los de 1905, con la diferencia, sin embargo, de que los campesinos habrían dado prueba de mayor madurez política. Pero, si la guerra frenó al principio un poco la revolución, contribuyó más tarde a revolucionar a Rusia, y nos

permitió reemplazar la fórmula «Revolución democrática» por la de «Revolución proletaria».

A principios de 1914, nuestro partido era el director de la clase obrera, en el sentido más amplio de
la palabra. Entonces era ilegal. Una fracción importante de nuestro Comité central se encontraba en el
extranjero. Lenin y algunos otros bolcheviques, entre
los cuales se encontraban en Krupskaia. Kámenev y
Zinóviev, fueron a fijarse en Cracovia, desde donde
dirigían *Pravda* y *Zviezda,* y desde donde mantuvieron un contacto estrecho con Rusia por mediación de
camaradas que venían de San Petersburgo a Cracovia
para conferenciar sobre las cuestiones importantes.
Al mismo tiempo, teníamos en San Petersburgo y en
Moscú nuestros estados mayores, que trabajaban legal e ilegalmente. Es difícil decir cuál era entonces el
número de miembros de nuestro partido. La última
vez que pudimos hacer un censo —fue en el Congreso de Londres, en 1907, cuando el partido era medio legal— habíamos encontrado, poco más o menos,
150.000 miembros (entre todas las fracciones: bolcheviques, mencheviques y fracciones nacionales). En
1914 no podíamos determinar exactamente nuestros
efectivos, pero sabíamos con seguridad que teníamos
a nuestro lado a la mayoría de los trabajadores organizados.

Como ya he dicho, en 1914, los obreros comenzaron a pasar a la acción directa. Las primeras barricadas aparecieron poco antes de la declaración de
guerra. La situación era tan crítica, que, seguramente,
toda nuestra fracción en la Duma iba a ser detenida,
pues con Petrovski, Muranov y Badaiev se había convertido en un verdadero foco revolucionario. Badaiev
ya había sido detenido en la fábrica Putilov, y Petrovski, en la cuenca hullera del Donietz, por partici-

pación en asambleas ilegales. Todo esto demostraba claramente que el movimiento revolucionario había hecho grandes progresos. Completamente impotente, el «Bloque de agosto» comenzó a descomponerse y a dividirse; poco a poco, sus mejores elementos pasaron a nuestro campo. Los mencheviques liquidadores, a pesar de que disponían de los hombres y de los oradores más populares (como Tchkeidze en la Duma), no tenían más que una ínfima minoría en las masas obreras.

La guerra y el partido

Esta era la situación al principio de la guerra imperialista. La guerra produjo la destrucción casi completa del partido. Se comenzó por detener a nuestros cinco diputados de la Duma. (No se tocó a los mencheviques.) Se les cogió, con otros camaradas, en una reunión ilegal, en una aldea de los alrededores de Retrogrado. Se encontró sobre ellos el llamamiento de nuestro Comité central, relativo a la guerra imperialista, escrito por Lenin en el extranjero. En este llamamiento lanzábamos por primera vez la idea de transformar la guerra imperialista en guerra civil.

Hoy, esta idea parece natural. Pero entonces no era así, y en la Segunda Internacional se nos miraba como si estuviéramos atacados de la peste. Cuando proclamamos la necesidad de transformar esta guerra en una guerra civil contra la burguesía, se nos dio a entender claramente que estábamos un poco tocados. Nos dirigimos al hombre «más izquierda de la izquierda» de la Segunda Internacional, Robert Grimm, para pedirle que hiciera imprimir algunos extractos de nuestro llamamiento: pero nos respondió, con la piedad que se tiene por los dementes, que no podía publicar escritos que serían mirados en todas partes como frutos de delirio.

Y cuando tuvimos la audacia de proclamar que la Segunda Internacional había hecho quiebra, que estaba muerta, comenzaron a señalarnos con el dedo. La Internacional gozaba entonces de una inmensa autoridad; contaba, decíase, con 25 millones de trabajadores organizados. Cierto, no ha logrado impedir la conflagración europea, decían entonces los Kautsky; pero ¡qué le vamos a hacer! Es un instrumento de tiempo de paz, y no de tiempo de guerra, y durante la guerra debe suspenderse la lucha de clases.

Todos los socialistas se entendían entonces para concederse, en cierto modo, una amnistía recíproca. La socialdemocracia alemana no tenia más que sostener a su Gobierno; los socialistas ingleses y franceses, al suyo, y cuando la guerra hubiera acabado, todos los socialistas del mundo se reunirían, se absolverían recíprocamente de sus pecados, y, después de haber derramado una lágrima por los millones de trabajadores exterminados, prometerían que eso no se reproduciría jamás. Y cuando nosotros, bolcheviques, representantes del solo partido ilegal de la Segunda Internacional, declaramos que los lideres socialistas eran traidores, que 1a Segunda Internacional había hecho bancarrota ignominiosamente, que había engañado a la clase obrera, se nos boicoteó moralmente y se hizo contra nosotros la conspiración del silencio.

Por extraño que pueda parecer, fueron los políticos burgueses los primeros que prestaron atención seria a nuestras intervenciones. Un profesor alemán publicó, a propósito del manifiesto citado y del folleto *El socialismo y la guerra,* un «sabio» estudio sobre los bolcheviques. Declaraba que no se podía, a pesar de todo, dejar de tener en cuenta ese fenómeno, que era fácil tratar a esas gentes de locos, pero que, en realidad, había nacido una corriente nueva en el socialismo, en el movimiento obrero internacional, y que la burguesía debía velar. De todos modos, la Segunda Internacional aplicó contra nosotros la medida del ostracismo, hizo el silencio completo sobre nuestras intervenciones y nuestras personas, considerándonos como iluminados en busca de un ideal quimérico.

Detención y proceso de los miembros del Comité Central de Petrogrado

Tan fuertes eran la influencia de la socialdemocracia y la presión de la opinión pública, que incluso hombres como Liebknecht, que desde el principio se había pronunciado contra la guerra, no se decidían, sin embargo, a votar contra los créditos militares. Se adivinará, en estas condiciones, qué acogida podía recibir el llamamiento de nuestro Comité central. Dos de sus miembros solamente, Lenin y Zinóviev, estaban en el extranjero. Los otros estaban encarcelados o deportados; algunos, como he dicho, habían sido detenidos cerca de San Petersburgo y enviados ante los Tribunales. En el curso del proceso, algunos de nuestros camaradas carecieron un poco de firmeza, pero la mayor parte de nuestros obreros, como Muranov, Petrovski y Badaiev, tuvieron una actitud de las más valientes. Se leyó al Jurado el *Diario* de Petrovski, que había caído en manos de los gendarmes, y que constituía una prueba material de la culpabilidad de su autor. Pero no hay mal que por bien no venga. El *Diario* de Petrovski demostró a los obreros de todos los países, que se interesaban vivamente por este asunto, cómo debía trabajar en el Parlamento un diputado obrero. Se veía cómo Petrovski, en lugar de consagrarse a ejercicios oratorios en la Duma, concentraba casi toda su actividad en el trabajo ilegal, en la organización de reuniones, de asambleas y de conferencias clandestinas. Así, pues, sin abandonar la acción legal, Petrovski daba una gran parte de su tiempo a la acción ilegal. El proceso de la fracción parlamentaria tuvo gran resonancia y demostró cómo debe obrar un verdadero bolchevique.

Salvo algunas excepciones, todos los bolcheviques adoptaron una posición francamente internacionalista y antinacionalista. Al contrario, los mencheviques, salvo algunos, estaban en favor de la guerra. Los socialistas revolucionarios compartían su punto de vista.

La guerra, ni que decir tiene, fue la prueba más seria para todos los partidos, incluso para el nuestro. Los bolcheviques salieron con honor de esta prueba, y, hasta el fin, mantuvieron firme la bandera del internacionalismo, demostrando así su devoción por la clase obrera. La actitud de los mencheviques y de los socialistas revolucionarios ante la guerra no era fortuita; se derivaba de su evolución anterior. De la derecha del marxismo legal, los mencheviques, por el economicismo y el liquidacionismo, habían llegado lógicamente al defensismo y al socialnacionalismo. Los bolcheviques pasaron de *Iskra* al bolchevismo, al antiliquidacionismo, al internacionalismo y al comunismo.

EL FRENTE ÚNICO BURGUÉS MENCHEVISTA

Es interesante observar la rapidez con que se constituyó el frente único de la burguesía y de los mencheviques. He aquí, por ejemplo, lo que escribe a este respecto Izgoiev, miembro del Comité central del partido kadete, ex marxista, especialista en cuestiones obreras:

> Las fuerzas históricas verdaderas se han manifestado, y se ha demostrado que no hay socialdemocracia internacional opuesta al mundo burgués. No hay más que partidos obreros nacionales, cuyos jefes se intitulan socialdemócratas.

Así, pues, uno de los lideres más significados del partido kadete declara solemnemente que no hay socialdemocracia internacional, sino solamente partidos obreros nacionales, cada uno de los cuales sigue los pasos de la burguesía de su país.

Piotr Ryss, líder no menos eminente de los kadetes, se expresaba aún más francamente. En esta época. Rosa Luxemburgo y Karl Liebknecht, verdaderos internacionalistas, realizaban campaña en Alemania contra la guerra. Parecía natural que la burguesía rusa, que combatía entonces contra la burguesía alemana, hubiera aprobado, hasta cierto punto, esta campaña, que debilitaba al zar. Pero comprendía que al lado de sus intereses pasajeros, había intereses fundamentales de clase. Y aunque le conviniese, en ese momento, ver al kaiser debilitado por Luxemburgo y Liebknecht, comprendía perfectamente que la aparición del bolchevismo en Alemania era para ella una amenaza indirecta. Así, pues, Ryss escribía:

> Roxa Luxembourg y sus escasos partidarios son gente que no tiene el sentimiento del deber hacia su patria. Y si se quiere mirar la verdad cara a cara, no velarla con frases hipócritas, es preciso decir que la conducta de la socialdemocracia alemana es legítima y razonable, como la de los socialistas de Francia, de Bélgica, de

Gran Bretaña. Por el contrario, Roxa Luxembourg y K. Liebknecht cometen, objetivamente, una falta enorme y demuestran que no se dan cuenta de las condiciones de tiempo y de lugar.

Deben retenerse estas palabras. La burguesía rusa, cuando estaba en guerra contra la burguesía alemana, declaraba que Rosa Luxemburgo y Karl Liebknecht eran lamentables personajes, pues faltaban a su deber hacia la patria. La burguesía de Rusia odiaba a la de Alemania y no podía soportar a Guillermo. Pero no olvidaba que Luxemburgo y Liebknecht, al mismo tiempo que debilitaban a sus adversarios, abrían la vía al internacionalismo, y por ello eran sus enemigos. Así, pues, inmediatamente se puso a sostener a la socialdemocracia, es decir, a los mencheviques.

Los *naródniki*, desde el principio, declararon también, por boca de Kérenski, que eran partidarios de la guerra. Kérenski pronunció en la Duma un discurso en el que decía: «Estamos firmemente convencidos de que la gran democracia rusa, unida a todas las otras fuerzas del país, opondrá una resistencia encarnizada al enemigo que nos ha atacado.» Esta declaración es sumamente importante. Kérenski, en ese momento, presentaba, en cierto modo, su candidatura al puesto de ministro de la burguesía.

LOS COMITÉS INDUSTRIALES DE GUERRA

Los mencheviques arrastraron a los obreros de Retrogrado a los comités industriales de guerra. Organizados bajo los auspicios de Gutchov, uno de los representantes más caracterizados de la burguesía octubrista, esos comités tenían por objeto aumentar la producción en las fábricas e intensificar así las probabilidades de victoria. Entre los obreros de Retrogrado se entabló una ardiente discusión. ¿Se debía colaborar en esa empresa burguesa? Internacionalistas consecuentes, los obreros bolchevistas se negaron a participar en esos comités, que eran órganos del Gobierno zarista y debían ayudarle a hacer la guerra. Los mencheviques, con Gvozdiev, que fue, después de la revolución de marzo de 1917, uno de los ministros del Gobierno de coalición, entraron en los comités industriales de guerra. Entre los socialistas revolucionarios, aparte algunas personalidades aisladas, como Natanson, que combatió las concepciones de Kérenski, nadie se opuso abiertamente al nacionalismo.

Plejánov fue el principal promotor del socialnacionalismo ruso, lo que fue particularmente penoso para nosotros, pues gozaba de gran autoridad en la Segunda Internacional y, a pesar de todas sus fluctuaciones, de una influencia no menor en nuestro partido. Germanófobo y socialnacionalista, llegó incluso a declarar que Rusia sostenía una guerra justa. Soy un viejo revolucionario, decía; sabéis que desde hace veinticinco años lucho contra el zarismo, que no ha cesado de perseguirme. Pues bien: digo que la guerra que hace Rusia es justa y que, en tanto que dure, debemos cesar la lucha contra el Gobierno ruso.

El nacionalismo de los mencheviques fue tal, que Iordansky (entonces nacionalista rabioso, hoy adherido al comunismo) insertó en *Sovremionni Mir*, que dirigía en esta época, un artículo entusiasta de Kleinbort, que escribía:

Como por encanto, el incendio se ha extinguido en Petrogrado, y las huelgas han cesado en Moscú y en Bakou. Comprendiendo que la hora es grave, los obreros han querido señalar que no era éste el momento de entregarse a luchas intestinas.

Estas palabras constituían una verdadera traición hacia la clase obrera, pues la invitaban a suspender toda lucha, incluso económica, contra los capitalistas.

En vísperas de la guerra, en Bruselas, el Secretariado de la Segunda Internacional, por iniciativa de su presidente, Vandervelde, había celebrado una Conferencia, cuyo objeto era reconciliar en el partido ruso las tendencias, entonces en número de siete. En esta Conferencia, la mayoría había votado una resolución que condenaba las disensiones y hacía recaer toda la culpa sobre los bolcheviques. En ese tiempo, todavía no habíamos salido oficialmente de la Segunda Internacional, y debíamos tener en cuenta, hasta cierto punto, sus decisiones. Pero sólo nos sometíamos exteriormente; en realidad, continuábamos nuestra línea de conducta. Cuando estalló la guerra, las siete tendencias, salvo la tendencia bolchevista, fueron socialnacionalistas. Sólo los bolcheviques defendieron la bandera del partido, y tuvieron que soportar todos los golpes del zarismo, que castigaba con el presidio la más ligera manifestación de internacionalismo. Las últimas organizaciones legales del bolchevismo fueron suprimidas.

La Conferencia de Zimmerwald

Durante los primeros meses pareció que estábamos condenados para mucho tiempo a la soledad. Los miembros del Comité central que habían quedado en el extranjero comenzaron a trabajar en unión de los internacionalistas de diferentes países.

En la Conferencia de Zimmerwald, de la cual fue uno de los iniciadores, Lenin representaba, con Zinóviev, al Comité central de nuestro partido; Martov y Axelrod representaban al Comité de organización de los mencheviques; Trotski, a su propio grupo. Los representantes del Comité central, que no eran más que una débil minoría, organizaron la izquierda zimmerwaldiana, embrión de la futura Tercera Internacional. Algunos camaradas alemanes, suecos y letones se agregaron a nosotros. Todos los demás miembros de la Conferencia estuvieron contra nosotros.

La mayoría de la Conferencia se pronunció contra la guerra imperialista, pero también contra la guerra civil. La mayoría estaba formada por pacifistas, por socialdemócratas bien intencionados, que no querían traicionar abiertamente a la clase obrera, pero que no creían ni en la revolución proletaria ni en la guerra civil, y no iban más allá del voto contra los créditos de guerra y otras medidas análogas. Dirigida por Ledebourg, esta mayoría tuvo con Lenin una violenta discusión. A Lenin, que es emigrado, le es fácil predicar la guerra civil, decía Ledebourg; pero que vaya a Rusia y que nos muestre los que están con él.

En la Segunda Internacional se nos tenía por originales, que no representábamos a nadie en Rusia, y, por las afirmaciones de Gvozdiev, Tchkeidze y Kérenski, se creía firmemente que todos los obreros rusos estaban en favor de la guerra. Acaso tengan razón los bolcheviques, se decía; pero están aislados, no tienen a las masas tras de ellos, nadie los seguirá.

LENIN EN SUIZA

En Zimmerwald estuvimos en minoría. Y fue con una suma ínfima, recogida perra chica a perra chica entre los obreros alemanes y polacos y nuestros grupos rusos en el extranjero, cómo fundamos la primera célula de la izquierda zimmerwaldiana, que editó en alemán la revista *Vorbote* (*El Precursor*), donde aparecieron excelentes artículos de Lenin, Roland-Holst y otros. Al principio se había convenido en que la redacción de *Vorbote* estaría compuesta de representantes de los dos grupos: Roland-Holst, Pannekoek y Radek, por el grupo holandopolaco, y Lenin y Zinóviev, por el Comité central ruso. Pero Radek, que estaba entonces aún bastante lejos de ser bolchevique, se arregló de modo que nos eliminó a Lenin y a mí de la redacción de *Vorbote*. Después de haber reflexionado, consentimos en quedar como simples colaboradores en *Vorbote,* y, por medio de esta revista, comenzamos a agrupar a los revolucionarios de los diferentes países.

Nos fue preciso trabajar entonces en Suiza, donde la guerra no hacía estragos. Este pequeño país, donde la clase obrera es poco numerosa, no podía tener influencia notable sobre la revolución proletaria mundial. El partido socialdemócrata suizo era, sobre todo, pequeño-burgués. Viviendo en Suiza, Lenin y yo nos adherimos a él. Pero cuando Lenin comenzó a reunir, para oponerlos a la guerra, a los grupos de la juventud obrera de Zurich, se pidió su exclusión del partido por «propaganda criminal» contra la guerra entre los jóvenes. Durante los años 1915 y 1916 fuimos una minoría insignificante, que se esforzaba por reanudar las relaciones internacionales y permanecer en contacto con el movimiento ruso.

A partir del segundo trimestre de 1916, nuestras relaciones con Rusia se hicieron más seguidas. Comenzamos a recibir cartas de obreros, y, poco a poco, nos dimos cuenta de que la clase obrera estaba francamente contra la guerra. A pesar de todos los obstáculos, *El Socialdemócrata,* que editábamos entonces, y cuyos artículos han sido reunidos en *Contra la corriente,* penetraba en un pequeño número de ejemplares, es verdad, en Rusia, donde era leído a tal punto, que se le recopiaba a mano. Este periódico desempeñó un gran papel en esta época.

LAS VÍAS DEL BOLCHEVISMO Y DEL MENCHEVISMO

El bolchevismo, que sentó, durante la guerra imperialista, las bases de nuestra táctica internacional, probó que no había trabajado en vano durante veinticinco años en la clase obrera y que, desde el período del marxismo legal hasta el fin de la guerra, había permanecido fiel a su idea. Evidentemente, a veces dio pasos en falso; pero su línea fue siempre la de la táctica revolucionaria comunista.

Los mencheviques han tenido igualmente su línea de conducta; pero va del marxismo legal al economicismo, y después al liquidacionismo y al socialnacionalismo. Hay también en ellos una continuidad, pero es la continuidad del reformismo pequeño-burgués. La guerra imperialista, que fue una crisis amenazadora para toda la humanidad, y para el movimiento obrero en particular, tuvo por efecto cristalizar definitivamente las tendencias políticas. En el socialismo internacional se formaron tres tendencias: el socialnacionalismo, el internacionalismo comunista y la tendencia Kautsky, la tendencia del centro a la cual perteneció, durante cierto tiempo, Martov, y que se subdividió después en dos fracciones: el centro derecha y el centro izquierda, al cual perteneció un momento Trotski. Considerábamos muy peligrosa esta tendencia centrista y la combatimos con todas nuestras fuerzas. Los nacionalistas sinceros, como Plejánov, que declaraba que el zar sostenía una guerra injusta, obraban abiertamente. Su táctica no era muy peligrosa, pues los obreros la comprendían en seguida y se alejaban de ella por sí mismos. La tendencia centrista, que tenía con ella a casi todos los representantes influyentes de la Segunda Internacional, adversarios encarnizados de la escisión con los socialnacionalistas descarados, era mucho más peligrosa. Por eso, cuando la socialdemocracia alemana se escindió, nuestro Comité central consideró este acontecimiento como muy importante, pues comprendía que la idea de unidad, pesando sobre la clase obrera alemana, quitaba toda fuerza a los grupos que querían sublevarse contra la guerra.

Así, pues, desde la Asamblea plenaria de 1910, teníamos una organización distinta de la de los mencheviques. Durante toda la guerra de 1914 a 1917, obramos separadamente. En su conjunto, los mencheviques sostenían la carnicería mundial, aprobaban la actividad de los comités industriales de guerra y hacían bloque con la burguesía kadete. En cuanto a los bolcheviques, los que habían sido arrojados fuera de Rusia reunían en un pequeño núcleo a los representantes de la izquierda zimmerwaldiana, a los futuros partidarios de la Tercera Internacional. Los que habían permanecido en Rusia luchaban contra los comités industriales de guerra y contra el socialnacionalismo, y se esforzaban por reunir y organizar a los obreros para la revolución proletaria.

La influencia del socialnacionalismo

Los obreros rusos no se libraron del nacionalismo. Un solo hecho bastará para demostrarlo: durante los primeros meses que siguieron a la revolución de marzo de 1917, la inmensa mayoría de los obreros de Retrogrado estaban al lado de los mencheviques y de los socialistas revolucionarios. La guerra fue un poderoso instrumento en manos de nuestros adversarios. Proclamando la patria en peligro, la burguesía llegó, por mediación de la Segunda Internacional, a infectar de nacionalismo a la joven clase obrera rusa, a pesar de estar animada de espíritu revolucionario. Los obreros de Retrogrado, que, en 1914, una semana antes de la guerra, construían barricadas contra el zarismo, estuvieron, durante varios meses después de la revolución de marzo de 1917, con los socialistas revolucionarios y los mencheviques, es decir, con los socialnacionalistas. Por eso el partido bolchevique, aunque en minoría durante la guerra, ha marchado resueltamente contra la corriente, y ha llevado a los obreros a la victoria de octubre, prestando un inmenso servicio al proletariado.

La revolución de marzo de 1917, y, sobre todo, la revolución de octubre, y el papel que en ella ha desempeñado el partido, exigirían una decena de conferencias. No puedo hacerlas. Llevo mi exposición —desde luego muy esquemática e incompleta— hasta la revolución de marzo de 1917. No he dicho casi nada de la vida económica de Rusia durante la época que os he descrito. Es, evidentemente, una gran laguna. Me he limitado a la historia de nuestro partido, en el sentido estrecho de la palabra; ni siquiera he hecho la historia detallada de la revolución. Mi misión era solamente ayudaros a abordar el estudio de la historia de nuestro partido. El resto, sois vosotros quienes debéis hacerlo.

En el momento de la revolución de marzo de 1917, los miembros de nuestro Comité central estaban ya en el extranjero, ya en prisión o en la deportación. El partido estaba disperso y aplastado. Sin embargo, el trabajo que había realizado durante veinticinco años dio sus frutos. Nuestro partido fue siempre verdaderamente revolucionario, y por eso trabajaba no solamente cuando existía en forma de organización jerárquica fuertemente soldada, sino también cuando, reducido a la acción clandestina, parecía haber desaparecido como organización. ¡Cuántas veces, bajo el zarismo, parecía destruido, reducido a algunos miembros! Pero, gracias a los esfuerzos heroicos de lo mejor del proletariado, difundía entre las masas obreras las ideas fundamentales necesarias para la creación de un gran partido panruso de la clase obrera. Y, al cabo de algún tiempo, como el Fénix, renacía de sus cenizas.

Nuestro partido no desempeñó un papel decisivo en la revolución de marzo de 1917; y no podía hacerlo, pues la clase obrera estaba entonces en favor de la defensa nacional. En cambio, en el curso de los pocos meses que siguieron, realizó el «capital» colocado por él en el movimiento obrero durante un cuarto de siglo, y, guiado por la idea de la hegemonía del proletariado, libertó a la clase obrera rusa de la influencia de los mencheviques y de los socialistas revolucionarios y la condujo a la victoria total sobre la burguesía.

APÉNDICE

MANIFIESTO DEL PARTIDO SOCIALDEMÓCRATA OBRERO RUSO

Hace cincuenta años, las olas de la revolución de 1848 invadían Europa.

Por primera vez, aparecía en escena la clase obrera como un poderoso factor histórico. Gracias a ella, la burguesía logró abolir numerosas supervivencias feudales. Pero pronto reconoció en su nuevo aliado a su enemigo más encarnizado, y se arrojó en brazos de la reacción, abandonándole el proletariado y la causa de la libertad. Pero ya era demasiado tarde: la clase obrera, humillada por un tiempo, reaparecía, una docena de años más tarde, en la escena histórica, esta vez más consciente y más fuerte y presta a luchar por su emancipación definitiva.

Rusia, al parecer, permanecía al margen del movimiento histórico. Pero si la lucha de clases no era visible, existía, sin embargo, y no cesaba de desarrollarse. El mismo Gobierno ruso se encargaba de mantenerla, despojando a los campesinos, favoreciendo a los señores agrarios, engordando a los capitalistas a expensas de la población laboriosa. Pero no se puede concebir el capitalismo sin el proletariado, que nace y crece con él y que, a medida que se fortalece, se ve obligado a medirse con la burguesía.

Siervo o libre, el obrero industrial ruso ha sostenido siempre, más o menos abiertamente, la lucha contra sus explotadores. Con el desenvolvimiento del capitalismo, esta lucha adquiría extensión y englobaba a capas cada vez más numerosas de obreros. El despertar de la conciencia de clase del proletariado y el crecimiento del movimiento obrero espontáneo, en Rusia, coincidieron con la constitución definitiva de la socialdemocracia internacional, portaestandarte de la lucha de clases y guía de los obreros conscientes del mundo entero. Consciente o inconscientemente, todas las organizaciones obreras rusas han obrado constantemente en el espíritu de la socialdemocracia. La fuerza y la importancia del movimiento obrero y de la socialdemocracia se han demostrado de manera brillante en las numerosas huelgas que han estallado, en estos últimos tiempos, en Rusia y en Polonia, y particularmente en las de los tejedores de San Petersburgo de 1896 y de 1897. Estas huelgas han obligado al Gobierno a promulgar la ley de 2 de junio de 1897, sobre la duración de la jornada de trabajo. A pesar de su insuficiencia, esta ley quedará para siempre como la prueba de la presión ejercida sobre el Gobierno por los esfuerzos combinados de los obreros. Pero el Gobierno se equivoca creyendo apaciguar a los obreros con concesiones. En todas partes, la clase obrera, cuanto más se le concede, más exigente se hace. Lo mismo ocurrirá en Rusia. Hasta ahora no se le ha dado al proletariado ruso más que lo que ha exigido, y sólo se le continuará dando lo que exija.

¿Qué quieren los obreros rusos? Les falta lo que ya tienen sus camaradas extranjeros: participación en la Administración pública, libertad de palabra, libertad de Prensa, libertad de coalición y de reunión; en una palabra, todos los medios e instrumentos con los cuales el proletariado de Europa occidental y de América mejora su situación, y, al mismo tiempo, lucha por su emancipación final, por la realización del socialismo, contra la propiedad privada y el capitalismo. La libertad política es tan necesaria para el proletariado ruso como el aire para los pulmones. La libertad política es la condición esencial de su desarrollo y de su lucha victoriosa por el mejoramiento de su vida y su emancipación total.

Pero esta libertad, que le es indispensable, sólo podrá conquistarla el proletariado ruso por sí mismo,

A medida que se avanza hacia el Este de Europa (y Rusia está al Este), la debilidad, la poltronería y la cobardía de la burguesía, así como la necesidad para el proletariado de resolver por sí mismo las cuestiones culturales y políticas, aparecen cada vez con mayor claridad. La clase obrera rusa deberá conquistar y conquistará la libertad política. Este será el primer paso hacia la realización de la misión histórica del proletariado, que es crear un régimen social en el que la explotación del hombre por el hombre sea imposible. El proletariado ruso sacudirá el yugo de la autocracia para continuar, con una energía redoblada, la lucha contra el capitalismo y la burguesía, hasta el triunfo completo del socialismo.

Los primeros esfuerzos del proletariado ruso debían, fatalmente, ser dispersos y carecer, más o menos, de método y de unidad. Ha llegado el momento de unir las fuerzas, las organizaciones y los círculos locales en un partido socialdemócrata obrero ruso único. Conscientes de esta necesidad, los representantes de las Uniones de Lucha por la Emancipación de la Clase Obrera, del grupo editor de *La Gaceta Obrera* y de la Unión Obrera judía de Rusia y de Polonia, han organizado un Congreso, cuyas resoluciones se encontrarán a continuación.

Al unirse en partido, los grupos locales tienen conciencia de toda la importancia de este acto y de toda la responsabilidad que asumen. Al hacerlo, marcan definitivamente que el movimiento revolucionario ruso entra en una fase de lucha de clase consciente. Como movimiento y tendencia socialistas, el partido socialdemócrata ruso continúa la obra y la tradición de todo el movimiento revolucionario anterior en Rusia; al asignarse, como tarea principal para el porvenir próximo, la conquista de la libertad política, la socialdemocracia va al objetivo claramente fijado por los gloriosos militantes de la vieja Naródnaya Volia. Pero sus medios y su camino son otros. La elección está determinada por el hecho de que quiere ser y continuar siendo el movimiento de clase de las masas obreras organizadas. Firmemente convencida de que la emancipación de la clase obrera será obra de la misma clase obrera, la socialdemocracia rusa na cesará de conformarse, en todos sus actos, a este principio fundamental de la socialdemocracia internacional.

¡Viva la socialdemocracia rusa! ¡Viva la socialdemocracia internacional!

MANIFIESTO DEL COMITÉ CENTRAL DEL PARTIDO SOCIALDEMÓCRATA OBRERO RUSO

La guerra europea, que preparaban desde hace decenas de años los gobiernos y los partidos burgueses de todos los países, ha estallado. El aumento de los armamentos; la rivalidad creciente por la posesión de los mercados en el estadio actual del desenvolvimiento del imperialismo; los intereses dinásticos de las monarquías atrasadas de Europa oriental, debían, fatalmente, provocar esta guerra. Someter las naciones extranjeras y apoderarse de sus territorios; arruinar a los pueblos rivales y arrebatarlos sus riquezas; distraer la atención de las masas laboriosas de las crisis interiores en Rusia, en Alemania, en Inglaterra y en otros países; dividir a los obreros, engañarlos inculcándoles el nacionalismo, destruir su vanguardia para debilitar su movimiento revolucionario, son el fin, el sentido verdadero de la guerra actual.

A la socialdemocracia incumbe, en primer lugar, el deber de revelar a las masas la naturaleza verdadera de la guerra y de poner implacablemente al descubierto las mentiras y los sofismas difundidos por las clases dominantes para suscitar su patriotismo y justificar la guerra.

La burguesía alemana está a la cabeza de una de las coaliciones beligerantes. Engaña a la clase obrera y a las masas laboriosas afincando que combate por la defensa de la patria, de la libertad y de la civilización:

por la liberación de los pueblos oprimidos por el zarismo; por el derrumbamiento de la autocracia en Rusia. En realidad, de rodillas ante los *junkers* y Guillermo II, siempre ha sido el más fiel aliado del zarismo y el enemigo del movimiento revolucionario de los obreros y campesinos rusos. Cualquiera que sea el desenlace de la guerra, unirá sus esfuerzos a los de los *junkers* para sostener a la monarquía zarista contra la revolución en Rusia.

La burguesía alemana ha emprendido una expedición contra Servia, para someterla y aplastar la revolución nacional de los eslavos del Sur, al mismo tiempo que dirige el grueso de sus fuerzas militares contra Francia y Bélgica, países más libres y más ricos, a quienes quiere despojar para desembarazarse de su concurrencia. Tratando de hacer creer que combate únicamente para defenderse, ha escogido, en realidad, el momento que le parecía más favorable para una guerra, en la cual utilizará los últimos perfeccionamientos de su técnica militar y por la cual se adelanta a los nuevos armamentos, cuya realización ya estaba resuelta por Francia y Rusia. El otro grupo de naciones beligerantes está dirigido por las burguesías inglesa y francesa, que engañan a la clase obrera y a las masas laboriosas, declarando que hacen la guerra por la patria, por la libertad y por la civilización, contra el militarismo y el despotismo de Alemania. En realidad, hace mucho tiempo que con sus miles de millones pagaban y preparaban a las tropas del zarismo, la monarquía más bárbara y más reaccionaria de Europa, para lanzarlas contra Alemania.

En realidad, las burguesías inglesa y francesa luchan por apoderarse de las colonias alemanas y arruinar a una nación rival, cuyo desenvolvimiento económico es sumamente rápido. Y con este fin, los

Estados democráticos avanzados ayudan al zarismo a oprimir todavía más a Polonia, Ucrania, etc., es decir, a estrangular la revolución en Rusia.

Ninguno de los dos grupos de países beligerantes tiene nada que reprochar al otro en pillajes, crueldades y excesos de todas clases; pero, para engañar al proletariado y distraer su atención de la única guerra verdaderamente liberadora, la guerra civil contra la burguesía de su país y de los países extranjeros, la burguesía de cada Estado trata, por medio de frases patrióticas mentirosas, de idealizar su guerra nacional y de hacer creer que quiere derrotar a su adversario, no para despojarlo y apoderarse de su territorio, sino para realizar la liberación de todos los pueblos.

Pero cuanto más se esfuerzan los Gobiernos y la burguesía de todos los países por dividir a los obreros y por lanzar a unos contra otros, empleando a este efecto un sistema de medidas especiales y una censura militar rigurosa (dirigida mucho más contra el enemigo interior que contra el enemigo exterior), más tiene el proletariado consciente el deber de defender su unidad de clase, su internacionalismo, sus convicciones socialistas contra el nacionalismo desenfrenado de la burguesía de todos los países. Rehuir este deber seria, para todos los obreros conscientes, renunciar a sus aspiraciones democráticas y, con mayor razón, a su ideal socialista.

Con un sentimiento de profunda amargura, tenemos que reconocer que los partidos socialistas de los principales países europeos no han cumplido este deber y que la conducta de sus jefes, en particular en Alemania, es casi una traición directa al socialismo. En un momento de los más graves de la historia de la humanidad, la mayor parte de los líderes de la Segunda Internacional tratan de sustituir el socialismo por el nacionalismo. Imitándolos, los partidos obreros, en lugar de oponerse a los manejos criminales de sus Gobiernos, han exhortado a la clase obrera a unirse a los imperialistas. Los jefes de la Segunda Internacional han traicionado el socialismo, votando los créditos militares, repitiendo las fórmulas nacionalistas de la burguesía de sus países respectivos, justificando y sosteniendo la guerra, participando en los ministerios burgueses, etcétera, etcétera. Los líderes y los órganos socialistas más influyentes en Europa defienden el punto de vista de la burguesía liberal nacionalista, y no el punto de vista del socialismo. La responsabilidad de esta vergüenza infligida al socialismo incumbe, ante todo, a la socialdemocracia alemana, que era el partido más fuerte y más influyente de la Segunda Internacional. Pero no se puede justificar tampoco a los socialistas franceses, que aceptan carteras ministeriales y colaboran con los descendientes de esta burguesía, que no ha vacilado antes en traicionar a su patria y en aliarse a Bismarck para aplastar la *Commune*.

Los socialdemócratas alemanes y austriacos, que sostienen la guerra, tratan de justificarse declarando que luchan contra el zarismo ruso. Nosotros, socialdemócratas rusos, consideramos esta justificación como un sofisma. El movimiento revolucionario contra el zarismo ha tomado de nuevo, en estos últimos años, una extensión formidable en nuestro país. La clase obrera rusa ha estado constantemente a la cabeza de ese movimiento. Las huelgas políticas de estos últimos años, huelgas que han englobado a millones de hombres, tendían al derrumbamiento del zarismo y a la instauración de la República democrática. La víspera de la guerra, el presidente de la República Francesa, Poincaré, en el curso de su visita a Nicolás II, ha podido ver con sus propios ojos las barricadas levantadas por los obreros rusos en las calles de San Petersburgo. El proletariado ruso no ha reculado ante ningún sacrificio para librar a la humanidad de la vergüenza de la monarquía zarista. Pero, si hay un factor que pueda retrasar la caída del zarismo y ayudar a éste en su lucha contra toda la democracia rusa, es la guerra actual, en la cual las burguesías inglesa, francesa y rusa ponen su dinero al servicio del zarismo reaccionario. Y, si hay algo que pueda dificultar la lucha de la clase obrera rusa contra el zarismo, es la conducta de la socialdemocracia alemana y austriaca, conducta que la Prensa burguesa rusa no cesa de darnos en ejemplo.

Incluso si la socialdemocracia alemana careciese de fuerza hasta el punto de verse obligada a renunciar a toda acción revolucionaria, no debía en ningún caso irse al campo de los nacionalistas y conducirse de manera que justifica la acusación de los socialistas italianos, que han declarado, con razón, que los líderes alemanes deshonran la bandera de la Internacional proletaria.

El partido socialdemócrata obrero ruso ha sido ya, y será aún, cruelmente castigado por la guerra. Toda nuestra Prensa legal está suprimida; la mayor parte de nuestras uniones están disueltas; nuestros camaradas, en gran número, han sido detenidos y deportados. Pero, fiel al socialismo, nuestra representación parlamentaria en la Duma de Imperio se ha negado a votar los créditos de guerra y, para dar más realce a su protesta, ha abandonado la sala de sesiones de la Duma. Ha juzgado que su deber era condenar la política imperialista de los Gobiernos europeos. Y, a pesar de la opresión formidable del Poder zarista, los obreros rusos cumplen su deber ante la democracia y la Internacional, editando ya sus primeras publicaciones ilegales contra la guerra.

Si la socialdemocracia revolucionaria, representada por la minoría de los socialdemócratas alemanes y por lo mejor de los socialistas de los países neutros, siente que la vergüenza le sube al rostro, ante la quiebra de la Segunda Internacional; si en Francia y en Inglaterra se elevan voces aisladas contra el nacionalismo de la mayoría de los partidos socialistas, no es menos cierto que los oportunistas, como los del grupo *Sozialistische Monatshefte*, pueden, con razón, celebrar su victoria sobre el socialismo europeo. Pero los elementos más nefastos para el proletariado son, en este momento, los que (como el «centro» de la socialdemocracia alemana) vacilan entre el oportunismo y la socialdemocracia revolucionaria, y tratan, por medio de frases diplomáticas, de disimular o de velar la quiebra de la Segunda Internacional.

Por el contrario, es preciso reconocer abiertamente esta quiebra y comprender las razones, a fin de poder realizar una nueva unión socialista, que soldará fuertemente a los obreros de todos los países.

Los oportunistas han hecho fracasar la aplicación de las decisiones de los Congresos de Stuttgart, de Copenhague y de Basilea, que obligaban a los socialistas a luchar contra el nacionalismo en todas las circunstancias y a responder por la propaganda de la guerra civil y por la revolución social a toda guerra emprendida por la burguesía y por los gobiernos burgueses. La quiebra de la Segunda Internacional es la del oportunismo, que había encontrado un terreno favorable para su desenvolvimiento en el período de antes de la guerra, y que, en éstos últimos años, era dueño de la Internacional. Los oportunistas preparaban desde hace, mucho tiempo esta quiebra; negaban la revolución socialista y la reemplazaban por el reformismo burgués; negaban la lucha de clases y su

transformación necesaria en guerra civil en un momento dado, y preconizaban la colaboración de las
clases; con el pretexto de patriotismo y de defensa de
la patria, predicaban el nacionalismo burgués, olvi-
dando o negando la verdad fundamental enunciada
en el *Manifiesto comunista*, que declara que los obreros
no tienen patria; se limitaban a combatir el militarismo desde el punto de vista sentimental pequeño-burgués, en lugar de reconocer la necesidad de la lucha
revolucionaria de los proletarios de todos los países
contra la burguesía de todo el mundo; erigían en fe-
tiches la legalidad y el parlamentarismo burgueses, y
olvidaban la necesidad de recurrir a formas de organización y de agitación ilegales en épocas de crisis.
Complemento natural del oportunismo, tan burgués
y tan hostil al marxismo como él, el anarcosindicalis-
mo ha repetido también vergonzosamente las fórmulas nacionalistas en el curso de la crisis actual.

En la hora actual es imposible cumplir el deber de
socialistas y realizar la unión internacional verdadera
de los obreros sin romper resueltamente con el oportunismo, cuya bancarrota inevitable es necesario demostrar a las masas.

En cada país, la tarea de la socialdemocracia debe
ser, en primer lugar, luchar contra el nacionalismo.
En Rusia, el nacionalismo ha invadido todo el campo
del liberalismo (kadetes) y, en parte, el de los *naródniki*; ha ganado hasta a los socialistas revolucionarios
y a los socialdemócratas de derecha. (Es necesario, en
particular, condenar las intervenciones nacionalistas
de E, Smirnov, P. Maslov y G. Plejánov, intervenciones ampliamente explotadas por la Prensa patriota.)

En la situación actual no se puede decir, desde el
punto de vista del proletariado internacional, cuál es
el grupo de beligerantes cuya derrota sería el menor

mal para el socialismo. Pero no es dudoso que, para la clase obrera y los pueblos de Rusia, el menor mal sería la derrota de la monarquía zarista, que es el Gobierno más reaccionario y más bárbaro, y que oprime a la mayor cantidad de naciones y al mayor número de individuos en Europa y en Asia.

La socialdemocracia europea debe tomar como reivindicación de realización inmediata la constitución de los Estados Unidos republicanos de Europa. Pero, al contrario que la burguesía, dispuesta a prometer todo para arrastrar al proletariado al torrente del nacionalismo, debe demostrar la falsedad y la inanidad de esta fórmula, si no va acompañada del derrumbamiento revolucionario de las monarquías alemana, austríaca y rusa.

Trabajando en un país atrasado, que no ha realizado aún su revolución burguesa, la socialdemocracia rusa debe continuar asignándose las tres tareas siguientes, condiciones esenciales de la realización de la democracia: instauración de una República democrática en que todos los pueblos sean iguales y tengan el derecho a disponer de sí mismos, confiscación de las tierras de los grandes propietarios agrarios y establecimiento de la jornada de ocho horas. Pero, en todos los países avanzados, la guerra pone al orden del día la revolución socialista, tanto más urgente porque el proletariado es quien más sufre de la guerra y quien tendrá que desplegar más actividad para reconstruir Europa después de las devastaciones acumuladas por la carnicería imperialista.

Como la burguesía aprovecha las leyes de tiempo de guerra para amordazar completamente al proletariado, éste tiene el deber de recurrir a las formas ilegales de agitación y de organización. Que los oportunistas conserven las organizaciones legales, traicionando sus convicciones; los socialdemócratas revolucionarios ponen en obra las facultades de organización y las relaciones de la clase obrera para crear formas ilegales de lucha, adaptadas a la crisis actual, y para unir a los obreros, no a la burguesía nacionalista de su país, sino a los obreros de todos los países. La Internacional proletaria no ha muerto y no morirá. Las masas obreras, a pesar de todos los obstáculos, crearán una nueva Internacional. El triunfo del oportunismo no será de larga duración. Cuantas más víctimas haga la guerra, más comprenderán las masas obreras que los oportunistas les han traicionado y que les es preciso volver sus armas contra el Gobierno y la burguesía de su país.

Transformación de la guerra imperialista actual en guerra civil es la única divisa proletaria verdadera, divisa que nos ha enseñado la experiencia de la *Commune,* que ha sido adoptada en el Congreso de Basilea de 1912 y que se deriva de todas las condiciones creadas por la guerra imperialista entre países burgueses altamente desarrollados. Cualesquiera que sean las dificultades de esta transformación, los socialistas no renunciarán jamás a prepararla con todas sus fuerzas, desde el momento en que la guerra es una realidad.

Solamente de esta manera podrá emanciparse el proletariado de la burguesía nacionalista y progresar hacia la libertad verdadera y el socialismo.

¡Viva la fraternidad internacional de los obreros contra el patriotismo y el nacionalismo de la burguesía de todos los países!

¡Viva la Internacional proletaria, libertada del oportunismo!

El Comité central del partido socialdemócrata obrero ruso.

FIN

ÍNDICE

Nota corriente 5

Nota del autor 7

A las juventudes comunistas de Moscú 8

Capítulo I

¿Qué es un partido? 9

Definiciones marxista y burguesas de la palabra «partido» 10

Por qué la ciencia burguesa no da una definición exacta de la
    palabra «partido» 11

Definición de Vodovozov 12

Definición de Miliukov 13

Definición de los socialistas revolucionarios 14

Clase y partido 16

Los aniversarios del partido 22

Proceso de formación de un partido 25

El movimiento de los *naródniki* 27

Los comunistas y la Revolución francesa 28

Actitud de los comunistas respecto a los *naródniki* 30

Prehistoria del proletariado ruso 32

El Círculo Chaikovski 33

La Unión Obrera del sur Rusia 35

Marxistas y *naródniki* 36

Revolucionamos burgueses y revolucionarios proletarios 37

La lucha de los revolucionarios proletarios contra los
    revolucionarios burgueses 38

Capítulo II

La lucha entre el marxismo y el naródnikismo 39

El error de los *naródniki* 40

Heterogeneidad del movimiento de los *naródniki*.................................41

Los *naródniki* de 1870 y los de 1880 41

Krivenko 42

Mijailovsky 43

Korolenko 43

Las dos alas del naródnikismo 44

El terrorismo 44

La actitud de los marxistas con respecto al terrorismo 45

La cuestión de la hegemonía del proletariado 47

Polémica entre Plejánov y Tijomírov sobre la hegemonía del
proletariado 49

Lenin y la idea de la hegemonía del proletariado 50

El marxismo legal 51

Struve 53

Las «observaciones críticas», de Struve 54

Plejánov, teorizante, y Lenin, político activo 56

Polémica entre Lenin y Struve 57

Período de gestación del partido 59

La infancia y la adolescencia del partido 60

Primeros círculos obreros socialdemócratas en San Petersburgo..61

La Unión de Lucha por la Emancipación de la Clase Obrera 61

Los círculos obreros socialdemócratas de provincias 62

El Bund 63

Primer congreso del partido 65

El «economicismo» 66

Los representantes del economicismo 70

El centro del economicismo en el extranjero 73

El papel de la clase obrera según el economicismo y según el
bolchevismo 74

La hegemonía del proletariado es el poder a los soviets 75

Capítulo III

El movimiento estudiantil..77

La evolución de los estudiantes 78

Lucha del zarismo contra el movimiento de los estudiantes 79

Los estudiantes y los socialistas revolucionarios 80

La actitud de los socialdemócratas con respecto al movimiento
    estudiantil 80

Los marxistas revolucionarios y los estudiantes 81

La táctica de los bolcheviques con relación a los estudiantes........82

La unión de liberación y la unión de los socialistas revolucionarios......83

Efervescencia obrera en petersburgo y en otras ciudades 84

Cartas de obreros 85

El periódico *Iskra* (*La chispa*) 86

El papel de *Iskra* 89

Orientación e ideas de *Iskra* 89

Actividad periodística y práctica de *Iskra* 91

Los partidarios de *La Liberación* e *Iskra* 91

Éxito e influencia de *Iskra* 93

El primitivismo 93

Los revolucionarios profesionales 95

Importancia del trabajo de los revolucionarios profesionales
    para el partido 95

Destrucción de la organización de *Iskra* en Kiev 97

El año 1902 97

Acontecimientos de Rostov 98

El primer comité central 99

Proyecto de programa del partido 100

El segundo congreso del partido 101

Composición social del partido hacia 1903 102

Polémica con el Bund 103

Discusión sobre el primer párrafo del estatuto del partido
    (condiciones de adhesión) 104

El conflicto sobre la cuestión de la actitud respecto a los liberales......108

Conflicto respecto a la composición de la redacción de *Iskra* 110

Conflicto sobre el programa del partido 112

Plejánov y la pena de muerte.. 114

Plejánov, bolchevique... 115

Después del segundo congreso... 115

Capítulo IV

La guerra ruso-japonesa... 117

El punto de vista de los mencheviques.................................... 118

El derrotismo... 118

Los «recuerdos» de Guerchuni.. 121

El derrotismo en los intelectuales y los terroristas.................. 122

Los bolcheviques y la guerra ruso-japonesa............................ 123

La posición de los mencheviques... 123

La traición de los mencheviques.. 125

La japonofilia y el bolchevismo... 126

Crecimiento del movimiento liberal... 127

Las relaciones entre la clase obrera y la burguesía en 1904..... 128

La posición de Lenin... 130

Los revolucionarios abandonan las filas del menchevismo....... 132

Discusión sobre la democracia en el partido............................ 134

Dominación de los mencheviques... 136

El secretariado de los comités de la mayoría........................... 138

El 9 de enero... 139

La significación del 9 de enero.. 140

Discusión sobre la reivindicación: «gobierno provisional
    revolucionario»... 141

El punto de vista de los mencheviques sobre el gobierno
    provisional revolucionario.. 143

Tercer Congreso de los bolcheviques en Londres y Primera
    Conferencia de los mencheviques en Ginebra..................... 144

La cuestión de la huelga general... 145

La cuestión de la insurrección armada.................................... 146

Servicios prestados por el Tercer Congreso............................. 147

La cuestión del armamento de los obreros.............................. 148

La Comisión Chidlovsky 149

La Duma Buliguin 150

Los acontecimientos de octubre de 1905 151

La insurrección de diciembre en Moscú................................. 152

Capítulo V

La experiencia de la revolución de 1905 155

Novaia Jizn y *Natchalo* 156

La revolución permanente.. 157

Causas del fracaso del movimiento de 1905............................ 160

Los resultados de 1905 165

La fórmula «¿1847 ó 1849?» 167

Bolcheviques y mencheviques, se unen 168

Victoria de la tendencia menchevista 169

La táctica de los bolcheviques... 170

Continuación de la polémica «¿1847 ó 1849?» 171

«Ministerio responsable» (kadete) 173

Disolución de la Primera Duma 174

El congreso de Londres de 1907.. 175

El comité central elegido en el congreso de Londres 177

La tercera duma 179

Discusión sobre la utilización de las posibilidades legales 181

El liquidacionismo 182

Los liquidadores y la burguesía... 184

Los mencheviques *partiitsi* 185

Plejánov, «bardo de la acción clandestina».............................. 187

El otzovismo.. 189

El ultimatismo 190

El deísmo 191

La lucha contra el otzovismo y las otras tendencias
antibolcheviestas.. 193

Capítulo VI

La Conferencia de París (1908)..196

Última asamblea plenaria del Comité Central...............................198

Los acontecimientos del Lena. Renacimiento del movimiento obrero..200

El periódico *Zviezda*..200

Misión e importancia de *Zviezda*..201

La conferencia bolchevista de Praga..202

Composición y resultados de la Conferencia de Praga..202

Fundación de *Pravda*, de San Petersburgo..204

La Cuarta Duma..205

El provocador Malinovsky..206

Escisión de la fracción parlamentaria..208

El «Bloque de agosto»..209

Discusión sobre las reivindicaciones parciales..209

La cuestión de la república democrática..210

Evolución del bolchevismo..211

Bolcheviques y liquidadores en la víspera de la guerra de 1914.......212

Victoria de *Pravda*..214

La guerra y la revolución..215

La guerra y el partido..217

Detención y proceso de los miembros del Comité Central de Petrogrado..219

El frente único burgués menchevista..220

Los comités industriales de guerra..222

La Conferencia de Zimmerwald..224

Lenin en Suiza..226

Las vías del bolchevismo y del menchevismo..227

La influencia del socialnacionalismo..229

Apéndice

Manifiesto del Partido Socialdemócrata Obrero Ruso..231

Manifiesto del Comité Central del Partido Socialdemócrata Obrero Ruso..235

Nos hubiera gustado incluir en el colofón el fragmento de una contundente contestación que Lenin realiza a unas declaraciones de Lunacharski sobre la formación en materialismo dialéctico del personal, pero no la encontramos ahora entre el aluvión de textos y cartas del último Lenin, ni de coña. Así pues, nos damos por rendidos al filo de las 14 horas del 22 de abril de 2025, en el mismo momento en que nos damos cuenta que hace rato que esto es ya más procrastinar que editar...